サッカー戦術の黄金則

GOAT 著

現代サッカーを紐解く
12の理論
4つの戦術局面
4つのトランジション
8つの陣形

ご注意

本書は 2024 年 12 月時点の情報を元に書かれています。サッカーのルールなどは予告なく変更されることがあります。

本書内の QR コードを読み取ると、本文の内容に関連した動画を視聴することができます。

関連動画内のポジション名や表記などは、本文と異なる場合があります。

はじめに

ご挨拶

　本書を手に取ってくださり、ありがとうございます。簡単な自己紹介とともに、この本を書くにあたった経緯を説明させてください。

　私は、YouTubeにて独自の理論に基づいた超戦術的サッカーチャンネル『GOAT football tactics』を運営しているGOAT（ゴート）と申します。皆様のおかげで当チャンネルは、サッカー戦術というマニアックなカテゴリーでありながら、開設4年でチャンネル登録者数20万人を達成しました。

　そして2022年には、GOAT FC TOKYOという私の戦術や理論に基づいたサッカークラブを創設しました。そしてその設立資金も、クラウドファンディングにて募り、目標金額の2倍の額を達成しました。

　当チャンネルの戦術分析は、大変ありがたいことに「詳しくて分かりやすい」と好評をいただいており、「GOATとはいったい何者なんだ?」とよく質問されます。私はいつも、その質問に対して「ただのサッカー大好きおじさんです」と答えています。

サッカーにのめり込むまで

　私が初めてサッカーに触れたのは小学4年生の頃でした。Jリーグが創設された当時、仲良くしていた友人に誘われ、地元のサッカークラブに入部しました。ですが、1年ほどですぐに辞めてしまいます。理由は今でもよく覚えています。

　当時から戦術というものになぜか強い拘りを持っていた私は、足元の技術もなく、特に運動神経に優れているわけでもありませんでした。なのに試合になると、ラインが低いとか高いとか、マークとの距離が近いとか遠いとか、こと細かにチームメイトに伝えていました。さぞチームメイトも耳が痛かったことでしょう……。

　まだそれが、チームのエースや監督の声ならまだしも、私はサッカーが上手い方ではありませんし、当時少年の私には何の実績もなければ影響力もありません。そんな

私の指示は、当然チームメイトに受け入れられるはずもなく、試合ではいつも空回り。ラインコントロールはミスすれば、決定的なピンチを招きます。

　そんな団体競技の難しさにやり切れなさを感じた私は、サッカー少年団を1年ほどで辞めてしまいました。ですがサッカーを離れても、関心はその後も強く残っていました。

　テレビでは日本人選手の活躍やワールドカップに夢中になり、今ほど整っていなかったインターネットを駆使し、海外サッカーを現地語にて視聴する毎日を過ごしていました。

　ですが、何かサッカーに対して煮え切れない思いを感じていました。サッカーが好きなんだけど、何か少し違う、サッカーというものに自分自身が完全にハマり切れない何かの要素。それが今思えば「個」だったのです。

　ジダン、ロナウド、ロナウジーニョ、当時の選手達は強烈な華がありました。毎試合、魔法のようなプレーに心躍らされました。しかし、私が好きだった戦術は、重視されていない時代でした。

　フォーメーションはほとんどのチームが4-4-2や4-2-3-1を採用し、基本的にエースにボールを素早く渡して、カウンターで点を決めるのが鉄板でした。そうなってくると中盤の選手にはアスリート能力とキック能力が求められます。まさに「個の技術」と「個のフィジカル」全盛の時代でした。

　ですがそのような時代の中、革命的なチームの誕生とともに、私は完全にサッカー戦術の世界にどっぷりとハマってしまいます。それが、2009年に三冠を達成したペップバルサの誕生です。

　就任直後にチームのエースであるロナウジーニョ、エトー、デコに構想外を通達したFCバルセロナの監督グァルディオラは、下部組織の選手を中心にチームを作り、破竹の勢いで勝ち続けていました。強いだけならこれまでにも銀河系レアルなども存在していましたが、当時のバルサの凄さはボール支配率とその機能美にあります。そのサッカーをはじめて目にした私の心は

「なんだ、このサッカーは！」

「ほら、やっぱりだ」

はじめに

「やっぱり戦術はすごい」
「戦術が試合に与える影響はとてつもない」
という思いで、気持ちが高ぶっていました。

　サッカーのボール支配率は通常50％です。試合を見ていて「この試合ワンサイドゲームだなぁ」と感じる試合でも基本65％ほどです。

　ですが、当時のバルサは70〜80％の支配率を常に叩き出していました。それはこれまでカウンターサッカーが主流だった時代に逆行した革命的なサッカーでした。そのあまりに美しいサッカーに衝撃を受けた私は、そこから独学でサッカーの研究を始めました。

「なぜそんなにボールを繋げるのか？」
「なぜスペースがないのにゴールを決めることができるのか？」

　ひとつひとつの戦術に対する疑問を分析し、局面の共通項を割り出しては要点をまとめ、対策の対策を考えては証拠となる試合映像で確認。気付けば10年以上、ノートを片手に1日3試合のペースで試合を視聴し、分析していました。

理論の構築

　当時の私は、とにかく戦術の勉強をしたくてウズウズしていました。何か新しい概念はないか？　新しい専門用語はないか？　名将の言葉にサッカーの真理は隠れていないか？　勉強や情報や気付きに飢えていました。そんなある日、あることに気付きます。

「このまま待ち続けても、最先端にはなれない。もう情報を追いかけるのをやめよう、自分で概念を作っていこう」

　その日を境に私の戦術理解は一気に加速しました。**情報を待つ側から作る側に変わる**ということは、学びにストッパーが利かなくなるということです。そうなると情報は驚くほど進化します。

　例えば情報を待つだけなら「偽9番」という言葉の意味を理解しても、「ほー、そういう戦術があるのか〜」で終わってしまう。

だけど、自分からそれを作る側になると
「偽9番や偽SBの動きをするとどうなる?」
「偽9番が機能しない戦術は?」
「偽9番に入れるパスはどんな角度がベスト?」
　など、新たな疑問が生まれ、その疑問には答えが生まれ、また新たな疑問が生まれる。そうやって私の戦術は自分の中でどんどん構築されていきました。

　本書は、私の長年の経験と研究に基づいて、戦術の本質と応用をまとめたものです。図やイラストを多用して、戦術の理解を深めるためのヒントやコツを紹介しています。読んでいただくことで、あなたの戦術に対する興味や好奇心がさらに高まり、試合の観方が一変することを期待しています。両チームの戦術や狙いが明確に見えてくるとともに、あなた自身の知識やアイデアも向上することでしょう。

　本書が、戦術の学びに役立つことを願っています。

2024年師走
GOAT

サッカー戦術の黄金則 目次

| はじめに ··· 3

| 本書の見方 ··· 16

序章 戦術の心得 ··· 17

戦術が試合に与える影響力 ··· 18
戦術は知る能力 ··· 20
日本人と戦術の相性 ··· 21
戦術のデメリット ·· 22
戦術に取り組むメンタル ·· 25

第1章 12の理論 ·· 27

| スペースの理論 ··· 28
スペースとは何か ·· 28
面積によるボールの安定度 ·· 29
スペースは常に攻撃側に有利に働く ··· 30
守備ではスペースを狭く ·· 32
スペースはひっくり返る ·· 34
オープンスペースとフラッシュスペース ·· 35
| ゲートの理論 ··· 37
ゲートとは ·· 37

Contents

利点① 相手2人を置き去りにする ……………………………… 38
利点② パスコースの維持&最適化 ……………………………… 39
利点③ フリーを明確にし正しい攻め方を示す ………………… 40
利点④ 立体視ができればゲートは消せない …………………… 42
利点⑤ ゲートを見れば認知力が向上する ……………………… 44
ゲートにおける選手の役割 ……………………………………… 45

数的有利の理論 …………………………………………………… 48
1対1と2対1 ……………………………………………………… 48
数的有利とスペースの関係 ……………………………………… 50
ビルドアップにおける数的有利 ………………………………… 51
並列の2対1 ……………………………………………………… 51
相手に合わせた3つの戦術的対応策 …………………………… 52
縦へのドリブルと横パス、どちらを選ぶ? …………………… 54
数的有利は適切な距離感で ……………………………………… 56
3対2の場合 ……………………………………………………… 57
戦術的なサッカーにおける数的有利 …………………………… 59

質的有利の理論 …………………………………………………… 62
上手いクラックがいるケース …………………………………… 62
高いクラックがいるケース ……………………………………… 64
速いクラックがいるケース ……………………………………… 66
強いクラックがいるケース ……………………………………… 67

逆重心の理論 ……………………………………………………… 69
サイドチェンジにおける逆重心 ………………………………… 69
パスを受ける際のデスマルケ …………………………………… 71
ドリブルでのアーチライン ……………………………………… 72
数秒先のパスコース ……………………………………………… 75
シュートにおける逆重心 ………………………………………… 75

視野の理論 ………………………………………………………… 77

目次

ボールはターンの時に奪われる ……………………………………………… 77
ひとつ飛ばしのパスは視野として有利 ……………………………………… 78
視野の理論を活かしたワンツーパス ………………………………………… 79
横→縦のワンツー ……………………………………………………………… 79
横→横のワンツー ……………………………………………………………… 81
縦→横のワンツー ……………………………………………………………… 81
縦→縦のワンツー ……………………………………………………………… 82
プレスにいく前には必ず視野を取る ………………………………………… 83
ボールウォッチャーにならないように注意 ………………………………… 83
ボールへの視野は1割、周辺視野を9割に! ……………………………… 85

▌駆け引きの理論 …………………………………………………………… 87
駆け引きには陰と陽がある …………………………………………………… 87
陰陰陽と陰陽陰 ………………………………………………………………… 88
チームとしての駆け引き ……………………………………………………… 90
守備側の駆け引き ……………………………………………………………… 91

▌渦の理論 …………………………………………………………………… 93
渦とは何か? …………………………………………………………………… 93
ボトムの渦 ……………………………………………………………………… 95
トップの渦 ……………………………………………………………………… 96
サイドの渦 ……………………………………………………………………… 97
渦の発動ポジション …………………………………………………………… 99
渦は守備でも効果を発揮する ………………………………………………… 100
渦で相手守備ラインを1列化する …………………………………………… 101
時代によって渦の回転が変わった!? ………………………………………… 101

▌マークオンとマークオフの理論 ……………………………………… 103
スペースを作る人、スペースを使う人 ……………………………………… 103
ボールを繋ぐサッカーの意味を理解する …………………………………… 105
マークオンはボールをもらってはダメ? …………………………………… 106

Contents

マークオンとマークオフのビルドアップへの影響 …………………………………… 106
マークオンとマークオフのフィニッシュへの影響 …………………………………… 108
マークオンとマークオフで誰がフリーか分かる! ……………………………………… 109
▍ゾーンマークの理論 ……………………………………………………………………… 112
ゾーンマーク（ゾーンディフェンス）とは ……………………………………………… 112
ゾーンマークのポイント ……………………………………………………………………… 113
ゾーン対策の間受け ………………………………………………………………………… 115
四角形のゾーンではボールを直角に進める …………………………………………… 118
三角形のゾーンではボールを斜めに進める …………………………………………… 119
三角形の反転でゾーンマークを破壊する ……………………………………………… 120
▍マンマークの理論 ……………………………………………………………………… 124
マンマーク（マンツーマンディフェンス）とは ………………………………………… 124
マンマークを質で崩すアイソレーション ………………………………………………… 126
マンマークを動きで崩すポジションチェンジ ………………………………………… 126
ポジションチェンジのバリエーション …………………………………………………… 127
渦でマンマークを破壊する ………………………………………………………………… 128
三角形の回転でマンマークを破壊する ………………………………………………… 130
▍変形の理論 ……………………………………………………………………………… 133
何のために変形をするのか ………………………………………………………………… 133
変形でもマークオンとマークオフは最重要 …………………………………………… 135
変形のタイミング …………………………………………………………………………… 136
重心を加味した移動経路 …………………………………………………………………… 137
パーソナリティによる変形の選択 ………………………………………………………… 140
守備時における変形① ……………………………………………………………………… 141
守備時における変形② ……………………………………………………………………… 143
変形を重視するかはチームの方針による ……………………………………………… 144

目次

第2章 4つの戦術局面と4つのトランジション ……… 147

▍4つの戦術局面 …………………………………………………… 148
攻撃と守備を2つの局面に分ける ……………………………… 148
4局面それぞれの目的 …………………………………………… 148
ビルドアップからフィニッシュへの切り替え ………………… 150
プレスからブロックへの切り替え ……………………………… 152

▍戦術局面の回転図 ……………………………………………… 154
戦術局面の回転図の見方 ………………………………………… 154

▍4つのトランジション ………………………………………… 156
ポジティブトランジション ……………………………………… 156
ネガティブトランジション ……………………………………… 158
オフェンストランジション ……………………………………… 160
ディフェンストランジション …………………………………… 162

▍相手陣形に対する戦術適用例 ………………………………… 164
4-2-3-1に対する戦術の一例 …………………………………… 164

▍Column「戦術的に考える」ということ …………………… 174

第3章 選手のパーソナリティとメンタル ……… 175

▍選手のパーソナリティ ………………………………………… 176
ドリブラー ………………………………………………………… 176
潰し屋 ……………………………………………………………… 177
ターゲットマン …………………………………………………… 178
ストッパー ………………………………………………………… 178
スイーパー ………………………………………………………… 179
ストライカー ……………………………………………………… 180

Contents

ゲームメーカー	181
チャンスメーカー	182
ワンタッチプレーヤー	182
ジョーカー	183
ユーティリティプレーヤー	184
キッカー	184
ロングシューター	185
クローザー	185
ファンタジスタ	185
シャドー	186
スピードスター	187
ダイナモ	187
モチベーター	187
キャプテン	188
メッセンジャー	188

▌**Column イメージトレーニング** ……………………………………… 189
ビジュアライゼーション …………………………………………………… 189
アファメーション …………………………………………………………… 193
選手としての考え方で大切なこと ……………………………………… 196

第4章 8つの陣形 …………………………………… 197

▌**陣形（フォーメーション）とは** ……………………………………… 198
相手陣形の判別方法 ……………………………………………………… 199
陣形とは列である …………………………………………………………… 200
陣形によるキースペース ………………………………………………… 201

▌**4-2-3-1** …………………………………………………………………… 202

4-2-3-1の特徴と歴史 ･･･ 202
4-2-3-1のストロングポイント ･･ 204
4-2-3-1のウイークポイント ･･･ 205
4-2-3-1の判別方法 ･･･ 207
4-2-3-1に対するビルドアップ ･･ 207
4-2-3-1に対するフィニッシュ ･･ 209
4-4ブロックに存在する5つのゲートの破り方 ･･････････････････････････････････ 211
4-2-3-1に対するプレス ･･ 214
4-2-3-1に対するブロック ･･ 215

4-3-3 ･･･ 216

4-3-3の特徴と歴史 ･･･ 216
4-3-3のストロングポイント ･･･ 218
4-3-3のウイークポイント ･･･ 220
4-3-3の判別方法 ･･･ 220
4-3-3のプレスに対するビルドアップ ･･ 221
4-1-4-1ブロックに対するビルドアップ ･･ 224
4-3-3に対するフィニッシュ ･･･ 227
4-3-3に対するプレス ･･ 229
4-3-3に対するブロック ･･･ 230

Column ゾーンコントロール ･･ 231

4-4-2 ･･･ 232

4-4-2の特徴と歴史 ･･･ 232
4-4-2のストロングポイント ･･･ 234
4-4-2のウイークポイント ･･･ 234
4-4-2の判別方法 ･･･ 235
4-4-2に対するビルドアップ ･･･ 235
4-4-2に対するフィニッシュ ･･･ 238
4-4-2に対するプレス ･･ 238

Contents

 4-4-2に対するブロック……………………………………………………… 239
┃4-4-2 ダイヤ……………………………………………………………… 240
 4-4-2 ダイヤの特徴と歴史…………………………………………………… 240
 4-4-2 ダイヤのストロングポイント………………………………………… 242
 4-4-2 ダイヤのウイークポイント…………………………………………… 243
 4-4-2 ダイヤの判別方法……………………………………………………… 243
 4-4-2 ダイヤに対するビルドアップ ………………………………………… 244
 4-4-2 ダイヤに対するフィニッシュ………………………………………… 246
 4-4-2 ダイヤに対するプレス………………………………………………… 247
 4-4-2 ダイヤに対するブロック……………………………………………… 247
┃3-4-3……………………………………………………………………… 248
 3-4-3の特徴と歴史…………………………………………………………… 248
 3-4-3のストロングポイント………………………………………………… 251
 3-4-3のウイークポイント…………………………………………………… 253
 3-4-3の判別方法……………………………………………………………… 253
 3-4-3に対するビルドアップ………………………………………………… 254
 3-4-3に対するフィニッシュ………………………………………………… 256
 3-4-3に対するプレス ………………………………………………………… 258
 3-4-3に対するブロック……………………………………………………… 261
┃3-4-3 ダイヤ……………………………………………………………… 262
 3-4-3 ダイヤの特徴と歴史…………………………………………………… 262
 3-4-3 ダイヤのストロングポイント………………………………………… 265
 3-4-3 ダイヤのウイークポイント…………………………………………… 267
 3-4-3 ダイヤの判別方法……………………………………………………… 269
 3-4-3 ダイヤに対するビルドアップ ………………………………………… 269
 3-4-3 ダイヤに対するフィニッシュ………………………………………… 271
 3-4-3 ダイヤに対するプレス………………………………………………… 272
 3-4-3 ダイヤに対するブロック……………………………………………… 273

3-4-1-2 ... 274
3-4-1-2の特徴と歴史 ... 274
3-4-1-2のストロングポイント ... 276
3-4-1-2のウイークポイント ... 276
3-4-1-2の判別方法 ... 277
3-4-1-2に対するビルドアップ ... 278
3-4-1-2に対するフィニッシュ ... 280
3-4-1-2に対するプレス ... 280
3-4-1-2に対するブロック ... 281

3-1-4-2 ... 282
3-1-4-2の特徴と歴史 ... 282
3-1-4-2のストロングポイント ... 284
3-1-4-2のウイークポイント ... 285
3-1-4-2の判別方法 ... 286
3-1-4-2に対するビルドアップ ... 286
3-1-4-2に対するフィニッシュ ... 288
3-1-4-2に対するプレス ... 289
3-1-4-2に対するブロック ... 291

8つの陣形　まとめ ... 292

Appendix ... 293

戦術用語インデックス ... 294

謝辞 ... 318

本書の見方

ポジションの表記

- (GK) ゴールキーパー
- (SB) サイドバック
- (CB) センターバック
- (WB) ウィングバック
- (DM) ディフェンシブミッドフィルダー
- (P) ピボーテ
- (SH) サイドハーフ
- (CH) センターハーフ
- (IH) インサイドハーフ
- (WG) ウィング
- (AM) アタッキングミッドフィルダー
- (FW) フォワード

ゾーンとエリア

ゾーンはピッチ幅のスペースで、エリアはもっと局所的なスペースと定義しています。例えば、バイタルゾーンとは、DFラインとMFラインのピッチ幅全体にわたるスペース。バイタルエリアとは、相手の両CBと両CHで囲まれたスペースや、CB、CH、SB、SHで囲まれたスペースを指します。

戦術ボードの表記

- ──▶ ボールの移動
- ⌒▶ ドリブルでの移動
- ⁞⁞⁞⁞⁞ ゲート
- ---▶ 選手の移動
- ━▶ ゴールに向かうコース、または選手が向かうコース

列を表す場合、1列目、2列目という名称と、FWライン、MFラインという名称を使い分けています。

序章
戦術の心得

細かい戦術理論を解説する前に
序章として戦術のメリットとデメリット
そして、なぜ日本人に戦術が必要なのか──
サッカーにおける戦術の重要性をお話しします。

序章 戦術の心得

戦術が試合に与える影響力

　戦術が試合結果に与える影響力はどの程度のものでしょう？　0-3の試合を3-0にするほどなのでしょうか？　それとも、0-0の試合を1-0にする程度なのでしょうか？

　それを知る上で、ここでは2022-23シーズンのチャンピオンズリーグ準決勝、マンチェスター・シティ vs. レアル・マドリードの試合を例にしてお伝えします。

　この試合をチョイスした理由は、1st legと2nd legでシティが戦術をガラリと変えたからです。戦術が変わったことで、スコアにどんな変化が現れたのかを知る上でうってつけの試合となりました。

結果

1st leg	レアル・マドリード	1-1	マンチェスター・シティ
2nd leg	マンチェスター・シティ	4-0	レアル・マドリード

1st legの攻防　レアル・マドリードがホーム（白）、マンチェスター・シティがアウェイ（水色）

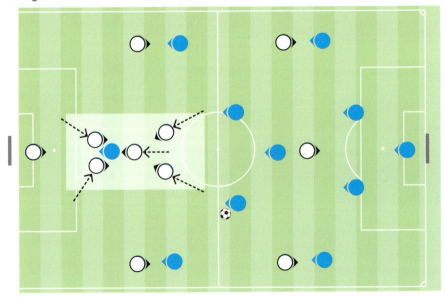

Introduction

　試合日も5/10と5/18と近く、出場したスタメンもほぼ同じ。なのになぜここまで結果が違うのか？　2試合を通じて変わったのは戦術です。

　1st legではシティは慎重な戦いに徹しました。エムバペと並んで次世代最強との呼び声の高いFWハーランへのロングボールやクサビを狙いました。ただその攻撃はレアルも完璧に対策を準備しており、機能しませんでした。

　ですが、ロングボールという攻撃はカウンターを受けにくいという特徴があります。リスクを最小限にし、結果は1-1のドローとなりました。ただ、内容は圧倒的にレアルに軍配が上がる内容でした。

　そして2nd leg。レアル・マドリードは再びハーランを警戒。だがシティはこの試合でハーランを一切使いませんでした。ハーランを囮にして、それによって生まれたインサイドを徹底的に突いたのです。その結果が1-1が4-0に変わった理由です。

　戦術が試合に与える影響力は我々が考えていたよりも遥かに大きなモノなのかもしれません。負けを勝ちに変えることは戦術で可能なのです。

2nd legの攻防　マンチェスター・シティがホーム（水色）、レアル・マドリードがアウェイ（白）

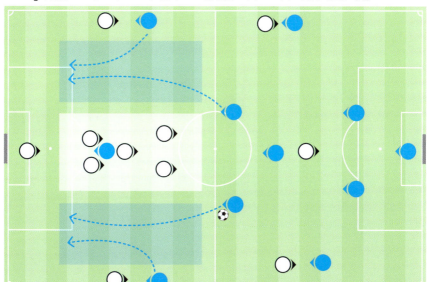

19

戦術は知る能力

　フィジカルを鍛えるのは大変です。負荷のかかるトレーニングを長期的に続ける必要があります。それと同様に技術を鍛えるのも大変です。

　ただ、戦術だけは違います。戦術とは知ることなのです。たったそれだけです。習得するまでに必要な時間はフィジカルや技術に比べ、ほんのわずかです。つまり戦術は、知るだけで成長するとても効率の良い能力なのです。

　さらに戦術を理解すると、選手にとって最も効率の良い成長ルートが見えてきます。ご説明します。【図1】をご覧ください。

　Ⓑはボールを受ける際、Ⓐに近付くべきでしょうか？　答えはNOです。ⒷがⒶに近づけば近づくほど、Ⓒへのパスは難しくなり、ターンという技術が必用になります。

【図1】

　この場面、Ⓑはボールに近づくべきではなく、その場で足を止めることが最適なポジショニングです。足を止めることで、

・Ⓒへのパスが簡単
・ターン不要
・ダイレクトパスが可能

という多くの利点が生まれます。Ⓑがもしこのことを知らなければ、ターンする技術と動き回る運動量を鍛えていたかもしれません。理屈を知ることで選手の成長ルートは大きく変化し最適な方向に伸びていきます。

　このことを理解したⒷは、キックの精度やダイレクトの重要性を知ることになり、さらに深くサッカーを理解するのです。

日本人と戦術の相性

　私はこの活動を始めた当初から「日本人こそが戦術力を身に付けるべきだ」と発言してきました。私がそのように提唱し続ける理由は『日本人の国民性』によるものです。

　日本人の国民性と言えば何でしょうか？　私は、「**勤勉さと協調性**」だと考えます。サッカーにおいて勤勉さと協調性は、戦術を遂行する上でとても重要な要素です。

　勤勉さがなければ戦術を学ぶことができません。協調性がなければ組織的な動きはできません。日本人はその2つを持ち合わせている類稀(たぐいまれ)な民族なのです。

　ただ残念ながら現時点では、日本の戦術力は強豪国に比べ、劣っていると言わざるを得ないのが現状です。ですが勤勉さと協調性が根底にあれば、ひとたび戦術を取り入れ始めると、瞬く間にその知識は共有され、体系的に各クラブに落とし込んでいくことも可能なはずです。

　それができれば日本でプレーする各年代の選手は、高いレベルの戦術の基礎知識を身に付けることができます。戦術の基礎知識が高ければ、練習時間を十分に確保できない代表チームでも、取り組むサッカーの本質を選手達が瞬時に理解し、高いレベルで任務を遂行して連携の動きもスムーズに実行することができるはずです。

　戦術を日本の武器として取り入れることができれば、チームは安定的な強さを手に入れます。稀に見る天才が奇跡的に集まったチームは強いかもしれませんが、それは一過性のものです。4年後や8年後の大会でも好成績を残せるとは限りません。その中の何人かが怪我をすれば戦力は一気にダウン。そして天才に依存したサッカーは必ずその後、衰退期が訪れます。

　しかし、戦術を武器にすればその強さは永続的なものとなります。戦術的なプレーは後世にしっかりと受け継がれ、戦術の機能美に魅了されてサッカー人気が加熱。そうなればプレーヤーの分母が増え、さらに強くなる。戦術こそが日本が取り組むべき最重要課題です。世界から見た日本のイメージが『戦術のチーム』と思われるほどに進化すれば、日本がワールドカップで優勝する日もそう遠くないはずです。

これからは

『戦術 ×（勤勉 + 協調性）= 日本のサッカー』

私の活動のテーマは『日本人の戦術力の底上げ』です。YouTubeでの戦術解説や、本書もその活動の一環です。今後も微力でありますが、戦術の認知に努めていければと思っています。

 戦術のデメリット

ここまで戦術の良いことばかりを伝えてきました。しかし戦術にもデメリットが存在します。ここでは戦術のデメリットについて考えていきましょう!

戦術のデメリット① 戦術はシステムだ

システムとはどこか1点が、機能しなければ全体が機能しなくなります。戦術とは選手全員が遂行してはじめて機能します。

例えばチームとして戦術的にボールを保持する場面で、FWがいつも何度もドリブルを仕掛けたり、GKがクリアばかりしていては、他のチームメイトのポジショニングと実際のプレーにギャップが生まれます。そうなれば戦術を取り入れる前の方が、穴が目立たず結果として強いチームになります。システムとはそういうものです。

ひとつでも歯車が欠けた時計は使い物になりませんし、ミスのあるプログラムは正常に動作しません。戦術を理解するのは前述した通り、知識を知るだけですが、その戦術を遂行するとなると、実際に練習を重ねる必要があります。戦術を分かりやすく伝え、練習を繰り返し、トライ&エラーを繰り返し、はじめて機能するのです。それをベンチメンバーも含めた全員が理解する必要があります。

システムは1人でも理解が足りなければ機能しません。

Introduction

戦術はシステム！ ひとつでもパーツが欠けたら動かない

戦術のデメリット② 戦術は痛みを伴う

　私はよく戦術をかけっこに例えます。
　例えば、A君とB君が今日から毎日かけっこ（50mぐらい）の勝敗記録をつけるとします。A君とB君の足の速さはほぼ互角だとして、同じ条件で走る「かけっこ」の場合、どちらが勝つかは「運」や「調子」が影響します。
　そんなある日、負けず嫌いのA君は自転車に乗ることを思いつきます。しかし、A君は自転車に乗ったことがありません。練習をスタートしますが、慣れるまでは勝てません。それどころか、転倒し毎日怪我をしてしまいます。ですが、その後どうなるでしょう？
　A君が練習を続け自転車を乗りこなすようになれば、A君はB君に勝ち続けることができるはずです。よほどのことがない限り、おそらく二度と負けることはないでしょう。
　このように戦術とは、それを**習得するまでは痛みを伴います**。ですが、ひとたび習得すれば安定して勝ち続けることができるのです。それが戦術なのです。

戦術（システム）は習得するために痛みを伴うが
習得すれば安定して高いパフォーマンスを発揮できる!!

戦術のデメリット③ 戦術は偶然性を消す

　戦術がチームに浸透すると、チームは安定します。しかし、安定を手にするということは、プレーから閃きが消えるということでもあります。サッカーというスポーツは、閃きや偶然がゴールに直結するものです。閃きがプレーから消えると、攻撃力は急激に低下します。

　これまでのゴールパターンだった、個のドリブルや、意表を突いたシュート、阿吽の呼吸による飛び出しなど、運や調子といった偶然の要素は極限まで削り取られ、攻撃力が減少します。戦術を追い求めた多くのチームは、この時期を我慢できず途中でチーム作りを断念します。

　戦術というものは、偶然性が限りなく削り取られてしまうものなのです。しかし、その代わり強力な再現性を手に入れます。

　重要なことはすべてそういうものなのかもしれません。階段を上る時は頭を下げますし、ジャンプする時にはかがみます。そして、自転車の練習をする時には怪我を伴うのです。戦術には確かにデメリットが存在します。しかし長期的な成長を考えた時、メリットの方が優勢なのは明確です。

戦術は、負けを勝ちにするほど試合に影響を与え
戦術は、（痛みを伴うが）知るだけで習得でき
戦術は、日本人の国民性に相性抜群

戦術に取り組むメンタル

　戦術的にサッカーをプレーするのなら、それに見合ったメンタルもセットで習得するべきです。戦術的にサッカーをプレーするということは、積極的にプレスもかけますし、キーパーもパスを繋ぎます。そのようなプレーは完成するまでは、とてもハイリスクで、失敗すれば決定的なピンチを招きます。

　プレスを鮮やかに回避されての失点や、ビルドアップ時のパスミスでの失点は、同じ失点でも精神的ダメージが大きな失点となります。そのショックによって消極的になったり、調子を落とすかもしれません。戦術的なプレーに挑戦すればこのような失敗は必ず訪れますので、事前にストレスを受け流すスキルを習得しておきましょう。

課題と感情を切り離せ

　例えばGKからのパスを、相手FWにカットされ失点したとしましょう。とても大きな失敗です。このような大きな失敗は、ネガティブな感情が生まれてしまいます。失点に直接的に関与したGKは、悲しみや苛立ちを抱え、応援していたファンはがっかりして戦犯を探すかもしれません。もちろんチームメイトにも負の感情は生まれます。

　しかし、失敗が生み出すのは、これらの負の感情だけではありません。失敗は感情とともに課題を生み出してくれます。そして選手にとっては、その課題こそが成長の種であり、絶対に逃してはならない収穫そのものです。もし失敗したとしても、すぐに映像を見返すことができればどうなるでしょうか。ミスに対して真摯に向き合い、課題を見つけ、課題をクリアしたのなら……。その時は、そのGKは確実に成長しているはずです。

　GKの伸びしろとしては、

・ボールを受ける際のポジショニング
・視野の取り方
・適切な状況判断

となります。多くの課題を発見し、それに見合った練習を行えば、課題の分だけ確実に成長できるのです。そしてチームメイトも課題に目を向けることができれば、

・バックパスの質
・パスコースの数
・コーチング

など、チームとして成長を遂げることもできるのです。そして、チームを応援するファンやサポーターも「このチームは戦術にトライしているんだ」と理解して、長い目で見守ることまでできれば、選手の痛みを最小限に抑え、成長を最大化させるベースができると考えています。「感情」に注目してしまった選手が、失敗に蓋をしてしまっては、あまりにももったいない。

　失敗は「課題」に注目すれば最高の成長の材料なのです。失敗した時は、「課題だけに集中し、感情を完全に無視する」ことが大事です。ネガティブな感情は何も生み出しません。感情なんか気にせず課題だけを見つめましょう。

失敗なくして戦術はありません
失敗は成長!!
成長は早いに越したことはない!

【戦術の心得　まとめ】

・戦術は負けを勝ちに変えるほど、試合に強い影響力を及ぼす
・戦術は知るだけなのですぐに習得できる
・戦術は「勤勉で協調性のある日本人」に相性抜群
・戦術は浸透するまで結果が出ない
・失敗しても感情は無視し、課題だけを見つめ成長しろ

第1章
12の理論

ここでお伝えするのは本書の核にあたる部分です。
それぞれの戦術の本質を理解するためには、理論を理解する必要があります。
この章では、サッカーにおける理論を独自の視点で詳しく解説します。

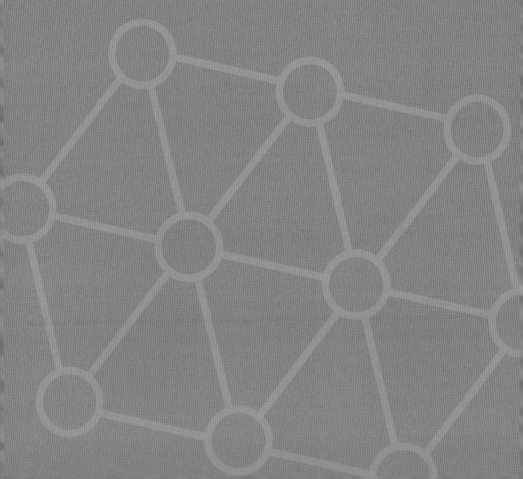

第1章　12の理論

スペースの理論

「サッカーは陣取りゲームだ」
そう言ったのはゾーンプレスの生みの親として知られるアリゴ・サッキ氏です。つまりサッカーというスポーツは、相手の陣地（スペース）を奪い合う競技だということです。ここではスペースの重要性や特徴をお伝えします。

スペースとは何か

サッカーは、スペースの奪い合いです。チームはスペースを得ることでどんなメリットがあるのでしょうか？【図1】はボールの受け手にプレッシャーがかかる場面を想定しています。このように、受け手にスペースがない状況では、ボールの移動時間で相手が寄せ、パスカットやトラップ際を狙ってくるかもしれません。

ミスをすれば奪われる状況ですのでボールを凝視し、ボールに集中する必要があります。

一方、【図2】は受け手にスペースが与えられた場面です。スペースがあれば、相手を気にせず前を向けます。

前を向くことができるということは、前に蹴ることができるわけで、相手ゴールに近付く選択肢を持っている状況です。FWの動き出しにパスを合わせれば決定

【図1】

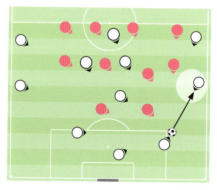

【図2】

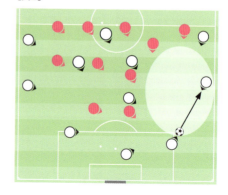

的なチャンスを作ることができますし、ドリブルで上がっていけばサイドで2対1を作ることができる状況でもあります。

いずれにせよ、スペースがあれば攻撃側の選手は顔が上がり、前方へのパスや裏へのボールなど、フィニッシュを狙うことができます。

そうなると対応する相手のラインは下がります。**攻撃側はスペースを攻め、守備側はスペースを守っている**のです。つまり、サッカーはスペースそのものなのです。

面積によるボールの安定度

スペースの面積が広ければ広いほどボールは安定します。ここではその理由を、面積の狭い2対2と、面積の広い2対2でシミュレーションしていきます。

【図1】を見てください。狭いコートでは、パスさえまともに繋ぐことが難しい状況です。仮にドリブルするにしても、抜いたところですぐに2人目が対応してくるため、攻防の入れ替わりが激しく、トランジションの多い展開になることが予想できます。

【図1】

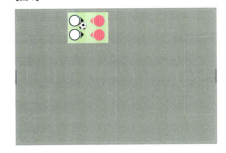

一方、【図2】のような広いコートではパスは問題なく繋がるでしょう。ドリブルも相手と広いスペースで勝負できることで、テクニックやフィジカルを存分に活かせます。そして何よりも、攻撃側は攻める時間を確保することができ、トランジションの少ない安定したゲーム展開になることが予想できます。

このことからスペースは**狭ければ狭い**

【図2】

29

ほどボールが不安定となり、トランジションが増加します。そして逆にスペースが広ければ広いほど、ボールは安定しトランジションが減少すると言えます。

スペースは常に攻撃側に有利に働く

前項でお伝えした通り、スペースは安定度に大きく関係します。しかしスペースが欲しいのは攻撃側だけです。安定は攻撃側が手にしたいものであり、守備側は逆に不安定にし、ボールを奪いたいはずです。

【図1】のように、相手と味方が近い場面では、上手くパスを繋ぐことはできません。ボール保持者である⑭は、ロングボールを蹴るしか選択肢はありませんし、ロングボールを蹴ったとしても落下地点ではセカンドボールの奪い合いとなり、相手にボールが渡る可能性も高く、不安定な状況となります。

このように、「**チームスペース**（チーム全体が保有する面積）」の狭い状況は守備側にとって有利に働きます。

一方、【図2】のように、味方選手が十分に広がり、**チームスペースを最大化**させることができれば、⑭はコーナーエリア付近に構えるフリーの⑱を確認し、パスを送ることができます。

たとえ、相手の守備者の1人が⑱に寄せたとしても、それによってフリーになる味方選手に繋ぐことができるはずです。スペースが広ければ、誰がフリーであるか見定める時間を確保することができます。

【図1】

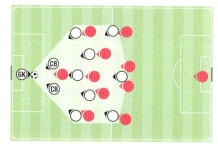

【図2】

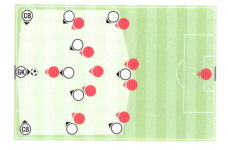

⑭がボールを持っている場合、フィールドプレーヤー10人に対して10通りのパスコースがあるはずです。しかし、【図3】では⑬と⑱へのパスコースが被っている以外にも、ピボーテ⑫と㉕へのパスコースが被っています。さらに言うと2人の㉘とピボーテ⑫のパスコースは被っていませんが角度が小さく、相手が寄せてくれば守備者1人で2人を相手に守ることができてしまいます。なので攻撃側は、【図4】のようにパスコースの角度を大きくし、パスコースを明確化する必要があるのです。

【図3】

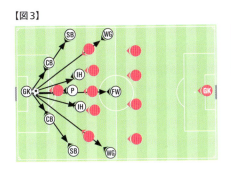

【図4】

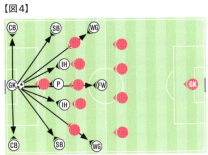

　相手がマンツーマンで付いてきた場合でも、**チームスペースを最大化していればフリーの選手が明確になります**【図5】。誰がフリーなのかを見つけやすいということです。フリーになった選手を見つけて、その選手が裏を取ってボールを受ければ、一気にチャンスが広がります。もしも、オールコートマンツーマンで付かれてしまっても⑭はフリーですので、相手陣地に対してロングフィードを入れるという選択肢ができます【図6】。ボールを落とす位置が相手ゴールに近ければ、一気に得点のチャンスができます。

【図5】

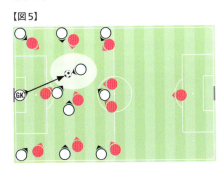

【図6】

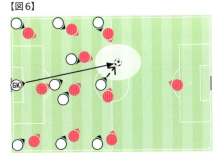

以上のように、攻撃側がチームスペースを大きくする理由としては

・判断が楽になる
・パスを受けた選手がスペースを有効に使える
・グラウンダーのパスを配球できる

ということが挙げられます。

守備ではスペースを狭く

次に、守備側からスペースというものを考えてみましょう。守備は本来ゴールを守るものです。ボールを奪いにいくということは、攻撃的な行為です。守るという目的の守備ならば、スペースは狭ければ狭い方がいいということになります。ちなみに【図1】のように中央を固める形はゴールを守るという意味では理想的な陣形になります。

では、【図2】のようにブロックを作って、極限までスペースを小さくすればいいのでしょうか？ 攻撃側は何のプレッシャーも受けないので、ブロックの外からクロスやミドルシュートをフリーキックのように入れることができます。サイドからの精度の高いクロスに背の高いFWが合わせることができたら、失点に繋がってしまいます。また、フリーでミドルシュートを打たれればリフレクションによってボールの軌道が変わってし

【図1】

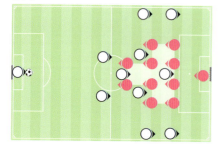

【図2】

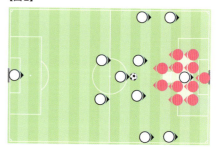

まったり、ボックスの中で偶発的に手に当たってハンドの反則を取られたりする可能性もあります。さらに、GKが動けるスペースも確保しておかなければなりません。

なので、守備時にどれくらいのスペースを取ればいいのかを考える上で、68メートルのピッチの幅とDFラインの人数の関係が重要になります。68メートルの半分、34メートルの範囲を4人で固めることで守備者間のゲートの距離を10メートル以内に抑えられます【図3】。

【図3】

ヨーロッパのトップチームの守備における陣形は【図4】のように半分のサイドでスペースをコンパクトにして守っています。

【図4】

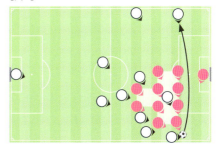

ボールにプレッシャーをかけているので、正確なライナー性のパスによるサイドチェンジは難しくなり、外側でパスを繋ぐか滞空時間の長いロングパスによってサイドチェンジすることになります。その時間を利用してスペースをコンパクトにしたまま、【図5】のようにブロック全体でサイドチェンジをします。ボールの逆サイドは犠牲にするのです。

【図5】

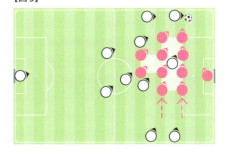

なお、ブロックを作る場合にDFラインが3人では、ブロックが一方のサイドに寄った時にセンターラインが空いてしまうことになります。5バックがより守備的と言われる理由は、サイドチェンジに対するスライドが4バックよりも楽に行われるというところにあります。

スペースは攻撃側は広く、守備側は狭く、という原則の意味はお分かりいただけたと思います。

スペースはひっくり返る

　スペースは攻撃側にとって有利になるものであって、守備側は逆にスペースを消していく必要があるとお伝えしました。しかし、サッカーというスポーツは、攻撃と守備が流れの中で切り替わります。つまりスペースは、トランジションによって攻撃側が入れ替わると、その瞬間にそっくりそのまま相手のものとなるのです。

　例えば【図1】のように、白チームが攻撃のために広がり、パスが繋がりやすい状況を作っている場面。その状況でピボーテ(P)の縦パスが相手にカットされたとします。

【図1】

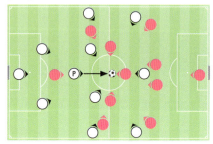

　この時、攻撃の時に広がっていた分、切り替わった瞬間その広いスペースは相手のものとなり、ボールをカットした選手にすぐにプレッシャーをかけることはできません。

　では今度は、スペースが狭い状況を想定しましょう。【図2】の状況では【図1】の場面とは違い、失った瞬間すでにスペースが狭く、すぐに寄せることが可能です。それも複数の選手で囲いこむようにプレッシャーをかけることが可能です。

【図2】

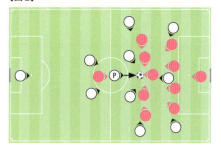

　相手チームはボールを奪ったにも関わらず、狭過ぎて繋ぐことが難しい状況です。おそらく再び白チームがボールを保持することでしょう。ボールを失った時、**再び奪い返せる確率は、失った時のスペースと比例します**。

　このようにスペースは、トランジションの瞬間、すべてのカードが一気にひっくり返るように、そのスペースは一瞬で相手のものとなります。

そう考えると、スペースは広ければ広いほど良いとは単純に言えないものです。スペースはトランジションを加味し、上手く管理する必要があります。

オープンスペースとフラッシュスペース

スペースの理論の最後に、スペースには2種類あるという考え方を紹介します。【図1】の状況でボールの逆サイドには広大なスペースがあります。これを「**オープンスペース**」と呼びます。

もうひとつは、【図2】でSBが偽SBとして内側に入っていくことで【図3】のように一瞬空くスペース、これを「**フラッシュスペース**」と呼びます。

SBのマークに付いていた相手が偽SBの動きに釣られることでフラッシュスペースができ、WGへのパスコースができます。さらに、FWがCBを引き連れながらトップのサイド流れをすることでフラッシュスペースができ、そこへ中盤から飛び出した選手へのスルーパスを通すこともできます【図4】。

フラッシュスペースは、オープンスペースに比べて物理的に狭いスペースですが、人が動くことで、数秒後にできるスペースであるということです。時間的なスペースという言葉でも表せると思います。

【図1】

【図2】

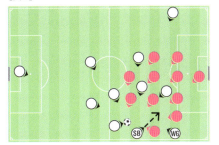

【図3】

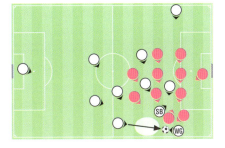

そして、フラッシュスペースができたら守備者が対応しづらい「**相手の踵を狙った**」スルーパスを出すことが可能になります。

スペースを理解することは戦術を理解することに繋がります。スペースに対する理解は、本書を読み進めていく過程で、さらに深まります。ここではざっくりとしたスペースのイメージを掴みましょう!

【図4】
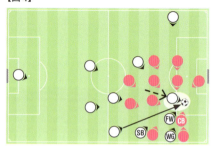

【スペースの理論　まとめ】
・スペースがあれば顔が上がり、前方にプレーできる
・スペースは広ければ広いほどボールが安定する
・スペースは常に攻撃側に有利だ
・スペースはトランジションでひっくり返る
・スペースにはオープンスペースとフラッシュスペースがある

ゲートの理論

サッカーでは、1人の選手がボールに触る時間は、平均して90分あたり、2～3分と言われています。試合の中では、ほとんどがオフザボールの状態であると言えます。この長いオフザボールの時間で、何の役割をもって位置を取るかが、ボールを受けた時のプレーに大きく影響を与える――これがポジショニングです。そのポジショニングを理解する上で、最も重要な概念が「**ゲート**」なのです。

ゲートを理解することが戦術であり、戦術とはゲートにボールを通すことだと言っても過言ではありません。サッカーにおけるポジショニングを、ゲートを通じて理解してください。

ゲートとは

ゲートとは、相手選手2人を結んだラインです。相手2人の間に構えるポジショニングを「**ゲートに対するポジショニング**」と言います。

【図1】は、ⓐとⓑがゲートに構えてポジションを取っている図です。ちなみに、相手2人の間を「**センターゲート**」、相手とタッチラインの間を「**サイドゲート**」と、用語として使い分けるケースがありますので覚えておいてください。

【図1】

相手選手を結んだ線であるゲートは、出し手と受け手2人が存在すれば成立するパスコースです。では、このゲートを通すパスにはいったいどのようなメリットがあるのでしょうか？　ここからはゲートの利点と特徴を、さまざまな角度から説明します。

ゲートに対するポジショニングは、あらゆる効果的な利点があります。その利点は

ゲートに対するプレーの理解があってこそです。この技術を理解することこそ、ポジショニング理解のファーストステップです。

【図1】は、相手守備者の基本位置を示した図です。分かりやすいようにまずは2対2で考えます。オフサイドはないものとします。この守備位置から想定される、相手守備の全パターンに対して、ゲートに対するプレーがどのように作用するか見ていきましょう。

【図1】

ゲートに対するプレーの利点は5つ

 ## 利点① 相手2人を置き去りにする

【図1】は、守備者2人が Ⓐ に対して、同時にプレスをかけた場面です。この守備は、リスクのある守備です。Ⓐ から Ⓑ にパスを通すことができれば、守備者2人を置き去りにするため、ゴールしたも同然のビッグチャンスを手にします。

【図1】

【図2】

この場面における(A)が取るべきプレーは、【図2】のように、(B)に対してゲートを通したパスを送ることです。このパスが通れば、相手2人で構成された列を通過することになります。

　(B)がボールを受けた時、(A)と(B)はゴールを守ることができる位置にいないため、(B)へのパスはゴールを意味します。よって、「**(A)は(B)へのパスコースが見えたら確実に入れる**」ことが正解のプレーです。これは言い換えれば「**ゲートにパスコースが見えたら確実に入れる**」ということです。

利点② パスコースの維持&最適化

【図1】は、守備者(A)が(A)にプレスをかけ、もう1人の守備者(B)が(B)のマークに付いた場面です。この守備は、バランスの良い守備です。相手マーカーが(A)と(B)それぞれに寄せ切るため、寄せる前なら(A)は(B)へパスを通せますが、パスを受けたとしてもすぐに寄せられる難しい場面。(A)と(B)が寄せ切った後は、それぞれにマークが付く形となり、マンツーマンとなります。この状況はどのようにプレーするのが正解でしょうか？　このように判断が難しい場面でも「**ゲートに対するプレー**」を意識すれば、答えは見えてきます。

　【図2】は攻撃側である(A)と(B)が、ゲートに対するプレーを実行した場面です。

【図1】

【図2】

Ⓐが前進してⒶをマークし、Ⓑが後退してⒷをマークしました。複雑に見えるこの状況ですが、守備者2人の動きを1つのゲートの動きとして捉えることができれば、ゲートが回転（ⒶとⒷのゲートが、時計回りに回転）したというシンプルな現象として捉えることができます。

この場面で、ゲートに対するポジショニングをⒶとⒷの両方が意識すれば、相手のゲートの回転に配置を合わせることができます。

【図3】は、攻撃側のⒶがゲートに対するコントロールで左前方にボールを運び、Ⓑがゲートに対するポジショニングを実行した状態です。このように、ゲートに対してボールをコントロールしたりポジショニングしたりできれば、配置は自動的に最適化されます。

【図3】

この状況は、守備側のⒶが置き去りにされており、Ⓑに対してⒶとⒷが2対1で対峙するという、攻撃側に有利な状況です。

Ⓑが、Ⓐの前方のコースを切るために左に移動すれば、今度はⒷに横パスを通された時、前方を塞ぐことができません。そうなれば、Ⓑに前方へのドリブルやシュートを許してしまいます。

つまりⒶとⒷが2対1の数的有利であるチャンスだと自覚し、そのまま前進すればⒷは必ず動く必要があり、1人では守ることができない守備となります。

利点③ フリーを明確にし正しい攻め方を示す

【図1】は、守備者2人が同時にⒷのマークに付いた場面です。この守備は、とてもセーフティな守備です。

ⒶからⒷへのパスは、仮に通すことができたとしてもターンすることは難しく、

Ⓑ はⒶ へバックパスでボールを返すという構図が目に浮かびます。Ⓐ はいくらでもボールを保持できますが、Ⓑ が保持するのは難しい状況です。

仮にⒶ とⒷ を行き来するパスを狙い続けても、リターンはほぼなく、ひとつひとつのパスやトラップというプレーには、当然ミスのリスクが付きまといます。

リターンの薄い、リスクのあるパスを狙い続けることは得策ではありません。では、このような場面では、どのようにプレーするのが正解でしょうか？ ここでもゲートに対するプレーから考えてみましょう。

まず【図1】を見直してください。この場面、そもそもⒷ はゲートに対するポジションを取っていません。Ⓑ が正しくゲートに対するポジショニングを取れば、【図2】のように、ゲートの向こう側にⒷ が構える状況となります。**利点①**の状況によく似た構図です。

ただし、**利点①**では、守備者2人がⒶ への守備を行っていたのに対し、この場面では守備者2人がⒷ への守備を行っている違いがあります。相手がⒷ に対して守備をしているのなら、Ⓑ が移動すれば守備者側も【図3】のように移動するはずです。

【図3】では、【図2】に比べて相手の

【図1】

【図2】

【図3】

DFラインが後退したことが見て取れます。Ⓑの状況は厳しくなりましたが、Ⓐのフリーは明確となるのでドリブルで前進することは容易です。もし、このままいつまでもⒷのポジショニングに2人の守備者が対応し続けるなら、最終的にⒶは1本のパスも挟むことなく、安全なドリブルで前進し、フリーでシュートを打つことができるはずです。この場面でもゲートに対するプレーが、最適な正解を知るきっかけとなりました。

利点④ 立体視ができればゲートは消せない

ゲートを通すパスコースは、利点②でも説明した通り、相手が寄せてきたとしてもゲートに対するコントロールを行えば、パスコースが維持できます。

【図1】のように、守備者であるⒶとⒷが、ボール保持者であるⒶに寄せた場面。この図の距離感ではⒶがⒷにパスを出すと、Ⓐが右足を伸ばせばカットできる可能性があります。

しかし、そのような状況でもⒶがゲートに対してボールコントロールを行い、Ⓑがゲートに対してポジショニングを行えば、【図2】のようにⒷに安全にパスを送ることができます。

ゲートに対するプレーを心掛ける時は、**ゲートに対してパスコースが直角に交わるようにボールを動かせば**、最も効果的にパスコースが維持されます。

ⒶがⒷにパスを送る時、Ⓐが相手

【図1】

【図2】

2人を引き付ければ引き付けるほど、受け手である⑧はフリーとなり、チャンスを最大化できます。

そう考えると④は、【図3】のようにできる限りゲートの中央に対してボールをコントロールし、相手2人をおびき出した状態でパスすることが理想です。

しかし守備者2人が近距離に構えるこの状況は、ゲートの距離が短過ぎて、相手にインターセプトされる可能性があります。ですが、テクニックがあれば解決することができます。

【図3】

【図4】は、④の目線を表したものです。相手が密集したとしても、体と体を密着させない限り、パスコースは存在し続けます。

仮に足と足が重なるほど近付いたとしても、最後は膝の高さまで上げたチップキックなどでボールを浮かせられれば、

【図4】

ゲートを通過させることができます。相手にゲートを意識させることで相手が足を大きく開くなら、股下を狙うこともできるでしょう。

相手を引き付ければ引き付けるほど、ゲートは狭まりパスを通すことは難しくなります。しかし、狭いゲートを通すテクニックがあるならば、引き付けてから通した方が受け手は決定的なビッグチャンスを手に入れられます。引き付けるプレーは、フィニッシュなどでスペースをこじ開ける局面で効果的となり、逆に安全に運びたいビルドアップでは確実にゲートを通すプレーが必要になります。

ゲートに対するポジショニングやプレーを実行する際は、上述のチップキックなど必要と想定される技術を身に付けることで、より安定的にポジショニングの恩恵を受けられます。

第1章　12の理論

利点⑤ ゲートを見れば認知力が向上する

　ゲートに対するプレーやポジショニングが身に付けば、ゲートを探す能力が付いてきます。複雑に22人が入れ違うピッチで、自分の居るべき場所を知ることができるのです。

　それだけでもポジショニングは向上し、プレー難易度が下がり、高いパフォーマンスを発揮できます。しかし、それ以上に特筆すべきは認知力の激的な向上です。

　【図1】は5対5で白チームのⒼⓀがパスを受けた場面です。ゲートの概念を理解された方は、相手チームの🅐と🅑が、それぞれどんな動きをしても、焦ることなく正しくボールをコントロールし、正しくパスを出すイメージが付いていると思います。ゲートを見る目は認知をシンプルにするのです。もし、ゲートの概念がなければ、この場面でも多くのことを認知する必要があるでしょう。

・🅐の動き
・🅑の動き
・ボールの動き
・味方のポジショニング

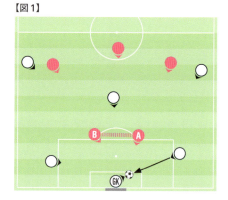
【図1】

　しかし、ゲートの概念があれば、とてもシンプルです。

・ゲートの動き
・ボールの動き

　以上2点を意識すれば十分です。

　ゲートを理解するだけで認知速度が向上する理由がこれです。ゲートを見るということは、相手2人を1組みのセットとして見ることになります。それだけで複雑なピッ

ゲートの理論

チ上の情報を2倍の速さで認知できます。さらに、ゲートに対するポジショニングを味方のチームメイトが理解すれば、ボールを受ける選手は顔を上げずとも、ゲートの先に構えているであろう味方にボールを送ることができるのです。

ゲートの視力を鍛えるだけで、サッカーはとてもシンプルになります。【図1】の場面でボールを受けるGKは、ただゲートの中央にボールを転がすようにプレーすれば良いのです。

ヒック・ハイマンの法則を、ご存じでしょうか？ 選択肢の数が増えるほど、処理するために必要な時間が増えるという法則です。レストランのメニューの数が多ければ多いほど、決定には時間がかかります。チャンネルの数が多ければ多いほど、視聴する番組に迷うのです。

ゲートにおける選手の役割

ゲートには選手の役割があり、その役割を理解していないと上手くいきません。その役割は2つあります。

・ゲートに対するプレーヤー（パスの出し手と受け手）＝フリーになる選手
・ゲートを広げるプレーヤー（釣りの役割）＝フリーにならない選手

例えば、プレスにくる守備側が4-4-2の場合の急所はセンターラインになります。なので、守備側の2トップは【図1】のようにセンターを締めて構えます。そしてパスを外に出させて、そこに詰めていきます。いわゆる「**サイドの限定**」です。

GKからパスを受けたCBが外向きになってしまったら、相手の思うつぼです。

【図1】

45

なので、パスを受けたら体の向きを内側に向けたまま後ろにドリブルをして相手を釣ります。これができれば相手 FW は釣られて外側に移動し、【図2】のようにゲートは広がります。それに合わせて GK がゲートに対するポジショニングを取り、CB からのバックパスをピボーテ P に出せば、簡単にゲートを通すことができます【図3】。

【図2】

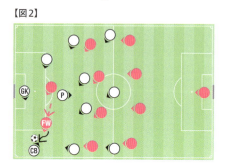

【図3】

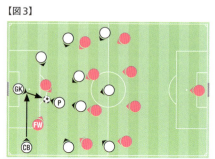

同様に、ピボーテ P にパスが入った後、2人の IH はパスを受けにくることをせず釣りの動きでゲートを広げる役割を果たします【図4】。そうすることでフラッシュスペースができ、FW へのパスを通しやすくなります【図5】。

もしも、相手が釣りの動きに反応せずにゲートを閉じたままであれば、いったん IH にパスを当ててワンタッチでピボーテ P に返します。ボールが一番のエサなのです。パスを受けた IH は必ず釣った相手を固定しておきます。

【図4】

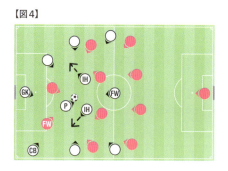

【図5】

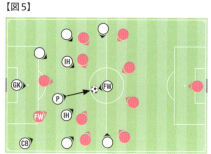

試合によって、相手によって「上手くいかなかった。スランプかな……」という言葉をよく聞きます。これはスランプなどではなく、タスクを間違えているだけなのです。

フリーになる選手は決まっています。【図6】ではピボーテ(P)と(FW)です。それなのに(IH)がフリーになろうと大きく動いてしまっては役割を無視しているだけで上手くいくはずがないのです。

パスを出されて前を向こうとしても、相手にしっかりマークされている以上、簡単には前を向けません。それよりもマー

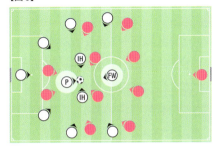

【図6】

カーを引き連れてゲートを広げてフリーの選手を活かす、ということが重要なタスクになるのです。

個人の役割を理解し、そのタスクを完遂することでチーム全体も上手くいくようになります。個人としては上手くいっているように見えず「消えていたね」と言われるかもしれません。しかし、フリーの選手を活かすことで表面上は見えにくい活躍をしていると評価されます。それぞれの役割は陣形によって変わってきます。偽9番などはCB釣りの典型的な形です。

【ゲートの理論　まとめ】
- ゲートへのパスは、相手2人を置き去りにする最高のパス
- ゲートに対するプレーは、配置が最適化される
- ゲートに対するプレーは、フリーを明確にする
- ゲートに対するプレーで、パスコースは維持される
- ゲートを見れば、判断速度&判断精度が向上する
- ゲートには選手の役割がある

第1章　12の理論

数的有利の理論

1対1では、「どちらが上手いか」という個の勝負で決着が付きます。しかし、2対1で相手に対することで戦術的に上手い選手に勝てるようになります。これが数的有利です。さらに極論すれば、サッカー戦術とは**数的有利をどう作ってどう活かすか**と言っても過言ではありません。数的有利は、「スペースの理論」で解説したスペースと密接な関係があることや、「並列の2対1」、「八の字のドリブルコース」など、数的有利を最大限活かす理論を解説していきます。

1対1と2対1

まずは1対1の数的同数で考えてみましょう。広いピッチで1対1ということはあり得ませんが、【図1】のような状況で守備側が考えることは、ゴールを守るか、ボールを獲りにいくか、つまりブロックかプレスかの2択になります。奪いにいって成功すれば、奪ったところからすぐにシュートを打つことができます【図2】。自陣で相手が来るのを待っていれば、いつかシュートを打たれるし、奪ったとしても相手ゴールまでは距離が遠過ぎてロングシュートが入るとは限りません。

基本的には上手いか下手かという個の勝負になってきます。

ただ、これが2対1になった時、もう1人の味方Ⓑが自陣のゴールを守ってくれていれば、Ⓐはプレスにいくことが

【図1】

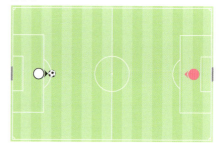

【図2】

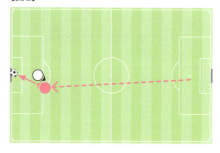

できます【図3】。万が一、Ⓐがかわされたとしても、相手のロングシュートが入る確率は限りなく低くなります【図4】。

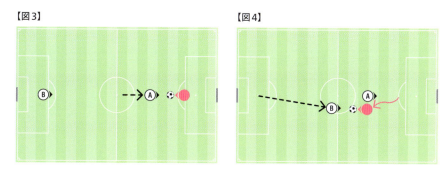

Ⓑをかわした相手がドリブルを開始したとき、初めて戦術が生まれます。相手が足の速い選手であれば、併走していくしかなくて自陣ゴール近くでシュートを打たれてしまいます【図5】。その時にⒷが相手のドリブルコースを切りながら詰めていけば、相手は「かわす」という動作が発生します。かわす動作に時間がかかれば、最初にかわされたⒶは守備に戻ることができます【図6】。

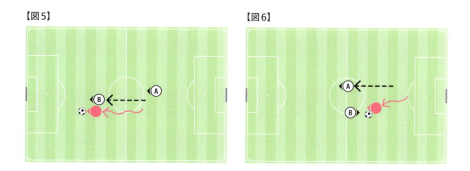

なので、プラス1の数的有利が作れていれば、それだけで上手い選手に勝てるわけです。「**数的有利は選手の質に勝る**」と言うほどの価値があるのです。極論すれば、戦術とは数的有利をどう作ってどう活かすか、と言うこともできます。それくらい数的有利はサッカーにおいて重要なことなのです。

第1章　12の理論

数的有利とスペースの関係

　数的有利はスペースとも密接に関連しています。幅数メートルのような狭いフィールド、学校の廊下でサッカーをしていると想像してください。狭いので数的有利を活かすことができません【図1】。

　逆にフルコートで2対1だった場合、味方との距離を幅いっぱいに取ることができます。相手はボールを奪いにいっても長い距離のパスを蹴られ、追いかけるのは大変になります。まさに大草原で2対1のサッカーをしているのと同じ状況になります。また、相手ゴールにドリブルで運ぶこともでき、相手は斜めに移動しなければならなくなります。追いついたところで、また蹴られてしまいます。相手は確実に負けます【図2】。

【図1】

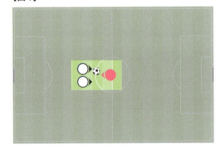

【図2】

　では、相手はどうすれば良いのでしょうか？　ゴール前で待っているしか方法はありません。ただ、待っていてシュートコースを切っていたとしても、パスを出されてしまえば瞬間的にできたフラッシュスペースを突かれてゴールを決められてしまいます【図3】。

　ここで言いたいことは、数的有利を作るだけでは不十分で、広いスペースで数的有利を取ることが重要ということです。

【図3】

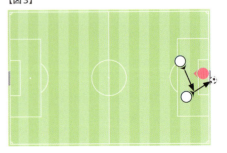

数的有利の理論

ビルドアップにおける数的有利

もうひとつ大切な概念があります。なぜビルドアップをするかと言えば、GKもパスの受け手になるからです。相手GKはマンマークに付けないので、ビルドアップ時には必ずプラス1の数的有利が取れていることになります。かつ、スペースを最大化させたいので、GKの近くに味方がいない方がいいのです【図1】。

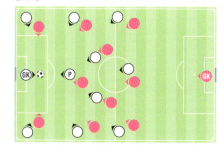
【図1】

ただ、数的有利の状態でGKがボールを持っていても、オールコートマンツーマンで付かれていたら相手陣内のスペースに蹴るしかありません。目の前のピボーテPにパスを出しても、しっかりとマークされているので危険です【図2】。

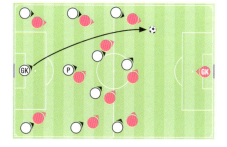
【図2】

並列の2対1

しかし、活かし方を理解していれば、その限りではありません。「**並列の2対1**」という考え方があります。【図1】ではピボーテPが下りて、GKと並列の位置関係を作るのです。そうすることでGKの前が開けます。ゴロパスを出せますし、ドリブルで持ち上がることもできます。

並列の2対1を深掘りするため、再び2対1の選手だけを表示して解説し

【図1】
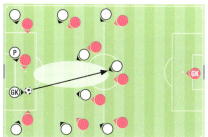

51

ます。戦術的な考え方がないと、【図2】のようにボールホルダー Ⓐ と味方選手 Ⓑ が、相手を結んだ直線上に位置を取ってしまいます。これではドリブルもパスも同じコース上になってしまいます。

では、攻撃側が取るべき位置はというと、【図3】のような「並列の位置」に立つことです。相手がマークにくるならば前が空きますし、こなければいつでも横パスを出せる状態で前進できます。

相手はプレッシャーをかけても横パスを出されたら、【図4】のような移動になります。当然ボールの方が速いので、守備側としてはリスクしかありません。

数的有利で並列の2対1を取るということは、選択肢を増やすということです。相手ゴールは中央にあります。そこに対してドリブルで前進することと、横パスを出せること。この2択があるということが数的有利を活かすことに繋がるのです。横パスを受けた選手も同様に、その2択を持つことができます。

【図2】

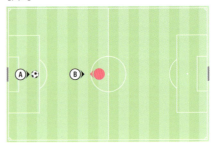

【図3】

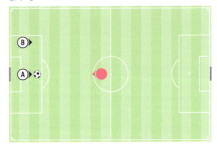

【図4】

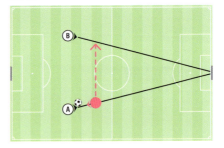

相手に合わせた3つの戦術的対応策

2対1において、守備者側から見ると「①ドリブル警戒」「②パス警戒」「③二択切り」という3つの守備方法がありますが、攻撃側にも3つの方法それぞれに対する

最適な対策があります。

相手がドリブル警戒ならば、Ⓐは斜めの方向にドリブルすると見せてからⒷの前方スペースにパスを出し、Ⓑはスペースで受ける共通認識を持って走り始めます。受け手であるⒷはパスを受けたい位置をジェスチャーで伝えることも重要です【図1】。

【図1】

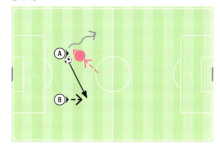

相手がパス警戒ならば、ⒶはⒷに横パスを出すと見せてから斜め方向にドリブルします。私は「八の字になるように」と伝えています。ドリブルコースとパスコースの角度が大きくなれば、相手はドリブルに対応できなくなります【図2】。

【図2】

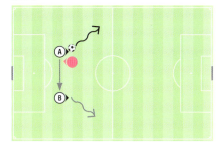

相手が二択切りの場合、ドリブルとパスのどちらにも対応できるようにニュートラル重心で構えてきます。ドリブルコースを切りつつ、横パスが出てからスライドして対応しようと走るので、Ⓐは斜めの方向にドリブルすると見せてからⒷの足元にパスを出します。Ⓑは並列よりも深い位置、より角度を大きくした位置を取っておき、斜めの方向にドリブルすると見

【図3】

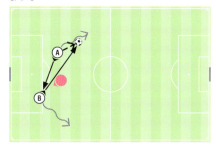

せてからⒶの前方へパスを出します。この時、相手の踵を通すようなパスを入れることがポイントです。相手は逆重心になり、対応できなくなります【図3】。

ここで私が一番伝えたいことは、この言葉です。

『戦術とは対策の対策である』

第1章　12の理論

縦へのドリブルと横パス、どちらを選ぶ?

　サッカーの目的は、相手ゴールにボールを入れることです。なので、いかに縦にボールを運ぶかを考えるべきです。縦のドリブルコースと横パスのコース、2つ選択肢があったならば、まず**選ぶべきは縦のドリブルコース**です。

　ただし、ボールを前に持っていると相手にそのコースを切られてしまうので、Ⓐのボールの持ち方は横パスを出すと見せておきます。そして、相手に横パスを切らせるように誘導し【図1】、キックフェイクで前に持っていくことがベストです。

　パスの受け手が斜め後ろにポジショニングしていて、相手がパスコースを切りにきたならば、相手の重心は後ろにあるので実質ゲートを抜いていることになり【図2】、後は運ぶだけになります。これがベストです。

【図1】

【図2】
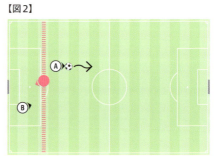

　GOAT FCでは数的有利を重要視していますので、いかにこの形を作るかを考え、常に意識してトレーニングしています。その中でノウハウは蓄積されていて、この形

【図3】

【図4】

に持っていくために、相手に横パスを意識させるスキルとして挙げられるのがスクープターンです。【図3】の場合、Ⓐは右足でボールを回しながら相手をかわし、前に運んでいく技術になります【図4】。

また、ダブルタッチでパスの受け手に出すようにしながらゴール方向へ運ぶという技術も有効です。一番シンプルなのは、パスフェイクです。ボールの上に足を置いて相手を反応させ、ゴール方向へ運びます。横パスを見せておけば、相手は本気で取りにきません。取りにこようとすると相手は足を大きく出さなければならず、スタートダッシュが遅れてしまいます。なので、フリーの味方へパスを出そうと見せる行為は、相手のプレスの強度を抑制する効果もあるということになります。

そして、数的有利を作ったらパスで終わらせないことが大事です。ドリブルで運ぶことで、相手のズレを作ることが大事です。

横パスの質も大事です。距離感にもよりますが、味方の足元へのパスでは相手は間に合う可能性が出てきます。まずは相手を十分に引き付け、足元ではなくスペースにパスを出します。受け手が低い位置にいる状態で横パスを出すイメージです。スペースにパスを出すことで、パスの受け手は加速してボールに触ることができます【図5】。相手は追いつくことができず、受け手はそのままボールを運んでいくことができます【図6】。

相手が、パスを出させてスライドしてくる場合は、逆にスペースではなく足元へパスを出します。相手がスライドしたならば、ダイレクトでパスを返します。相手は逆重心になるので、追いつくことができません。

【図5】

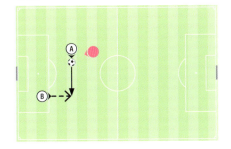

【図6】

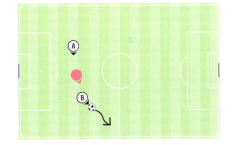

数的有利は適切な距離感で

2対1の状況を作ったにも関わらず、【図1】のように味方との距離が遠過ぎると、相手の別の選手が出てきてしまい、**カオス**になります。なので適切な距離感で数的有利を作ります。練習をする場合は5メートルくらいから、上手くなってくればさらに距離を短くしていきます。

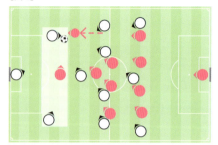

【図1】

2対1の数的有利を作りながらパスの受け手となる味方がすべてマークに付かれている場合、2対1を活かさずにマークされている味方にパスを出すことは上手くいかない原因になります。重要なことは2対1の局面でドリブルで突破することにより【図2】、次の味方がずれて新たな2対1の局面を作ることです【図3】。

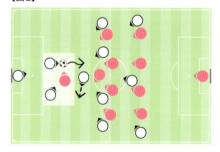

【図2】

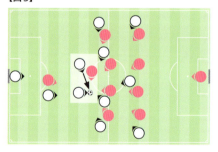

【図3】

2対1の形を際立たせながら繰り返し作ることで、相手の陣形をカオスにすることなく穴を作り、【図4】のようにフラッシュスペースを見つけて縦パスを入れ、【図5】のようにクサビのパスで繋げて前進することができます。

ここまでで言いたいことは、数的有利を作るだけではダメ、活かし方を知るということです。できることならばドリブルで運ぶことでずれを作り、2対1をパスだけで終わらせないことです。数的有利の活かし方は、2対1に集約されています。

【図4】 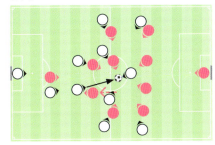　【図5】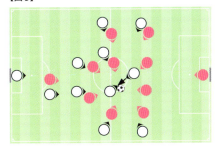

3対2の場合

2対1では、並列が基本になりましたが、同じ数的有利でも3対2では考え方が異なります。サイドの④からセンターの⑧にパスが渡ったとき、180度の位置にいる⑥にパスを出すにはターンが必要になります【図1】。

【図1】

もうひとつの理由は、サイドの選手がやるべきことは釣りであるということです。相手の横にボールを運ぶことによって釣ることができます。なので3対2の場合は並列ではなく、角度を付けた方がいいのです【図2】。

【図2】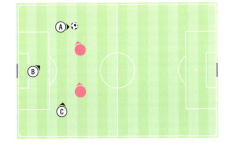

守備者が2人いた場合、ゲートとしては2つのサイドゲートとセンターゲートが発生します。【図3】で④はサイドゲートの中央にボールを運ぶことをイメージします。そして、相手がサイドゲートを狭めて④のドリブル突破を阻止しようとすれば、

センターゲートは広がります。Ⓑはセンターゲートの中央にポジションを取れば広がったセンターゲートにパスを通し、前線の選手にボールを届けることができます【図4】。

【図3】

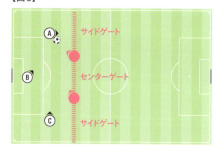

【図4】

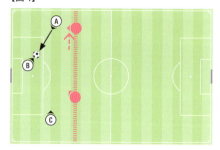

相手が釣られなかったら、どうすればいいでしょうか？ パスコースを切りにきた場合、2対1と同様の考え方でⒶはⒷにパスをすると見せかけて前にドリブルで運びます。【図5】の白く囲んだ部分を見ると2対1になっていますが、3対2ではⒷが低い位置を取って角度を付けておくことが大事です。

では、センターゲートが開いた場合はどうすればいいのでしょうか？ そのときは、サイドで釣っているⒶがまくってかわして、Ⓑはその先にパスを出します【図6】。常にトランジションのことを考えてプレーすることが戦術的になります。

3対2で気を付けたいことは、センターゲートが広がったからといって、Ⓑがドリブルで上がっていくことです。センターゲートを持ち上がって奪われてしまうと、ⒶとⒸが幅を取っているので中央ががら空きになってしまいます。なので、センターのⒷはパスの出し手でなければなりません。

【図5】

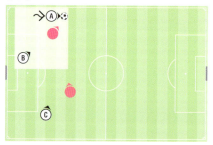

【図6】

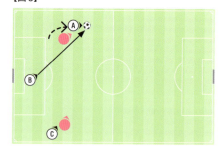

戦術的なサッカーにおける数的有利

　戦術的なサッカーとは、その場だけ勝てばいいのではなく、**次のトランジションでも有利になる**サッカーのことです。パスを繋いで相手を押し込んで圧縮させれば、トランジションが起きてもプレスをかけてボールを奪い返すことができます。スペースをコントロールしながら攻めていく。自分たちが主導権を握り続けてゲームを動かす。クラックとなる選手がいるならば1対1を制する質的有利（P.62）を強調すべきですが、いないのであれば数的有利を作って活用することを考えなければなりません。

　実際のサッカーで3対2を活かす例を挙げます。【図1】ではピボーテ(P)がフリーになっていますので、相手は警戒してチェックにきます。すると、(IH)がフリーになります【図2】。これが釣りです。

【図1】

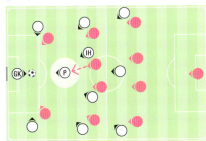

【図2】

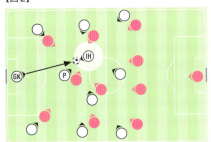

　今度は(IH)が付かれたとします。そのときは(SB)がフリーになりますが【図3】、(CB)の釣りが甘いとセンターゲートが狭まり、パスコースがなくなります【図4】。

【図3】

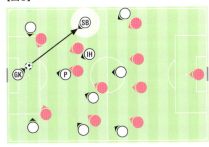

【図4】

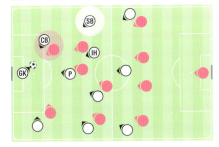

各選手がタスクを理解して、それぞれが釣っていれば、広大なセンターゲートの中にいくつものパスコースができるのです。(SB)がマークに付かれたら(SB)は釣りの動きをすることで(WG)へのパスコースが生まれます。釣ることによって、ゲートの中にパスコースがいくつも見えてくるということが重要になります。

上手く釣れない場合は、サイドに開いた(CB)にパスを出すべきです。この時、(SB)は中に入ります【図5】。そうすることで相手は(SB)が気になって(CB)に直線的にマークにこられず、プレスをディレイさせることができます。【図5】で白く塗った位置にフラッシュスペースを作ることができ、そのスペースに(WG)が下りていくことができるので(CB)は(WG)へのパスを通せます【図6】。相手(SH)が(SB)のマークにこなければ(SB)にパスを出します。

【図5】

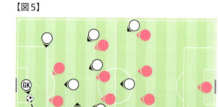

【図6】

(SB)と(WG)の両方ともマークに付かれてしまったら(FW)がサイドに流れ、そこへ浮き球のパスを出します【図7】。さらに(FW)が抑えられたら、中盤の飛び出しで(IH)が抜け出します【図8】。

【図7】

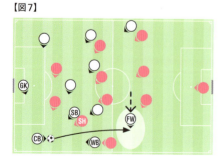

【図8】

フリーの選手がボールを持って顔が上がった状態で、味方の選手が正しく動くことができればボールが出せるので、そこから崩すことができます。例えば、CBがサイドゲートをドリブルで越えたらSBはSHを釣って【図9】、スペースを作ります【図10】。

【図9】

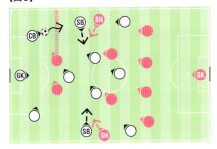

【図10】

すべてのポジションに担当ゲートが決まっています。それを理解して数的有利を作ることができれば、相手のフォーメーションをロックした状態で前進できます。

【数的有利の理論　まとめ】
・数的有利は選手の質に勝る
・広いスペースで数的有利を取ることが重要
・並列の2対1で攻撃の選択肢を増やす
・八の字のドリブルコースで数的有利を際立たせる
・数的有利は適切な距離感で作る
・3対2の場合は並列ではなく角度を付ける

第1章　12の理論

質的有利の理論

質的有利には、さまざまな考え方があります。上手さ、高さ、速さ、強さ……。いずれにせよ、ここで言いたいことは戦術のベースとして質的有利を強調するということです。チームに「**クラック**」と言うべき、極めて能力高い選手がいるならば質的有利を最大限活かすことを戦術として考えるべきでしょう。本節では上手さ、高さ、速さ、強さそれぞれの特徴を持つクラックがいるケースごとに解説します。

上手いクラックがいるケース

【図1】では、1トップの (FW) がテクニックに秀でた、技術的に上手さのあるクラックだったとします。1対1で勝てる選手なのですが、【図1】のように2枚の (CB) に挟まれてしまっていては、質的有利を活かせません。なので、この選手を1対1が発生するエリアに持っていく必要があります。これが質的有利の基本的な考え方になります。

例えば、(WG) のポジションならば1対1になります。そして、相手のレフト (SB) は質的にやや劣る選手だったとします。ならば、レフト (SB) と当たるように自チームから見てライト (WG) とポジションチェンジします。質的有利が最大限発揮される位置に、クラックを置くのです【図2】。

【図1】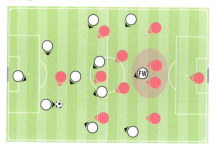

【図2】

なおかつ、その質的有利をさらに活かすには、1対1で勝てる前提で**アイソレーション**の考え方を用います。つまり1トップ(FW)は逆サイドに流れるべきです【図3】。ライト(SB)は下がり、ライト(IH)は中央に寄せて、ライト(WG)にポジションチェンジしたクラックのためにスペースを広げる【図4】。このようなサポートが必要です。そこでできた広いスペースでクラックを戦わせるのです。

【図3】

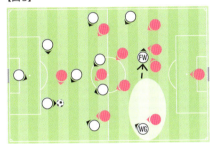

【図4】

もうひとつの考え方としては、クラックは顔を上げてボールを保持できるので、この選手をキープレーヤーとして捉えます。クラックは1対1でボールを奪われる可能性が低いので、クラックにボールが渡った瞬間に攻撃のスイッチを入れ、(FW)や逆サイドの(WG)は裏に抜けるように走り始めます。

また、クラックが中盤に下りてくれば、周りの選手はスペースを空けるように逆に上がるため、押し込むことができてビルドアップのスペースが拡大します。運びようによっては、次の局面に上手く繋げられます。

しかし、この動きは諸刃の剣でもあって、攻撃のスイッチを入れて全体が前掛かりになっているにも関わらず、クラックが万が一ボールを奪われてしまったときは最悪の事態になってしまいます【図5】。そのため、私としてはあまり好みません。

ただ、質的有利を戦術として徹底させた事例はあります。バルセロナ時代のメッシが、その典型です。メッシにボールが

【図5】

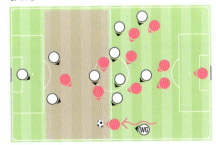

渡った時に攻撃のスイッチが入り、他の選手達が一斉に動き始めていました。メッシのように顔を上げながらパスもドリブルもできる強い影響力を持つクラックがいてこそ、戦術として活かせる理論とも言えます。

高いクラックがいるケース

2つ目の質的有利のパターンとして、背の高いクラックが㊝にいるケースを解説します。ハイボールの競り合いには、ほぼ勝てるという前提があるならば、クラックにロングボールを合わせるようにします。例えば4-4-2でボールを合わせる先が2トップ㊝だけではもったいないので、チャンスを増やすなら両サイドの㊟も高い位置を取って4トップ状態にします。

ボールを持った㊐は、㊜が上がってできたスペースにドリブルで運び【図1】、そこからクラックへロングフィードを出します。

4トップ化した前線の選手はロングフィードに合わせて裏へ抜けようとします。そのため、相手DFラインは下がり、ライン間のスペースが広がります【図2】。

クラックが競り合いに勝った時、ボールの落とし先は1つではなく複数に増えている状況を作ることができます。これが背の高いクラックがいる場合の戦術です。

【図1】

【図2】

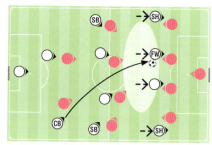

フィニッシュの場面でも、背の高いクラックならではの戦術があります。サイドからのクロスについて、一般的には速くて低いクロスの方が、守備側は対応する時間が

なく攻撃側は反発力を活かしたヘディングを打てるので、**高精度クロス**と呼ばれています【図3】。しかし、ここでは逆に「高高度クロス」と言うべき高いボールのクロスをクラックに合わせるのです。滞空時間の長いクロスを入れて、クラック🆅が確実にボールの落下地点に位置取りすることで、競り合いに勝てる確率が高まるのです。さらに、高高度クロスの滞空時間を活かして、味方はクラック🆅と相手🆲の間に位置取り、クラック🆅を守る役割を果たします【図4】。

　競り合いに確実に勝った後は、クラック🆅が直接シュートを打つ、または落としたボールを近くの🆅が拾ってシュートへ結び付けることができます。

　本来ならば相手🆲は、クラック🆅に一番近い選手がマークに付くべきですが、クラックを守る味方の🆅にブロックされて近付けません。少し離れた位置にいる🆲は間に合いません。競り勝った後の恩恵を最大化させることが、高さという質的有利を活かす戦術です。

【図3】

【図4】

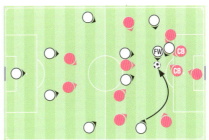

　しかし、この戦術も諸刃の剣となります。味方の2列目の選手もボールを拾うためにクラックの近くに寄って前掛かりになります。万が一、クラックが競り合いに負けたり、落としのボールを相手🆲に奪われてしまうと、相手の2列目にボールが渡って、一気に大ピンチとなってしまいます【図5】。クラックに依存し

【図5】

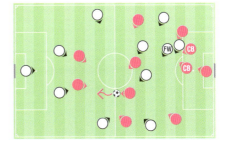

た戦術を極めるほど、競り合いに負けた時のリスクは高くなります。トレードオフの関係です。

なお、背の高いクラックに対する高高度クロスへの対応としては、相手ディフェンダーは数的同数ではなくスイーパーを1人余らせて、クロッサーではなくクラックおよび周辺選手のシュートコースをカバーしておくことになります【図6】。

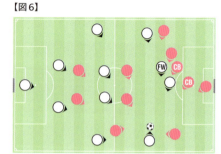
【図6】

速いクラックがいるケース

そして、速さの質的有利について。とても足の速いクラックがいる場合、 WG ならば広いスペースで受けたいので、相手 SB を引き付けながらデスマルケで下りてくるべきです【図1】。そして、パスを足元でもらうのではなく、相手の周りを回るようにかわして裏へ走り込み、そこへスルーパスを入れます【図2】。自分で自分のスペースを作る。これが速さの質的有利の活かし方になります。

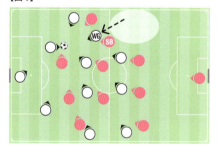
【図1】

【図2】

足の速いクラックを、さらにチーム全体で活かそうとするならば、 FW が偽9番の動きで相手 CB を釣り出し、他の味方は足元でボールをもらう動きをします【図3】。なおかつ、足の遅い選手と対峙するようにポジションを変えておきます。そうするこ

質的有利の理論

とでスペースをより強調でき、クラックの特徴を最大限活かすことができます【図4】。有利性の強調、これは私が多く使う言葉です。

【図3】

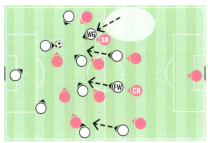

【図4】

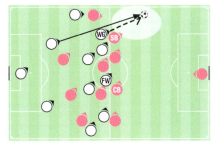

守備側の対応策としては、クラックである(WG)の動きに付いていかず4枚のDFラインを低めに構えておくか【図5】、ハイラインの場合は(GK)が前に出て対応することとなります。

【図5】

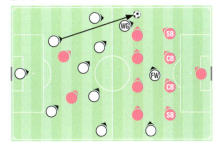

強いクラックがいるケース

体の強さがあってボールキープに長けたクラックがいる場合は、ポストプレーヤーとしてボールを預けます。クラック（【図1】では(WG)）は相手を背負いながらパスを受け、足元からボールを離して持ちます。こうすることで相手は背後から足を差し込んでもボールを奪うこと

【図1】

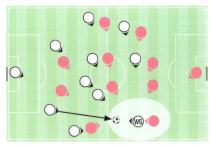

ができません。この時、他の相手選手がマークにこられないように**クラックの周りに広いスペース**を作ってあげることが重要です【図1】。

相手がボールを奪うためにクラックの前に回り込んできた瞬間、相手とは逆の位置にボールを回して置き去りにします【図2】。これを攻撃のスイッチとして全体が動き始めます【図3】。クラックがサイドに流れてのポストプレーで有効な戦術です。

質的有利のパターンを紹介しましたが、それぞれ1対1での勝率が高いので、クラックにボールが入った瞬間を攻撃のスイッチとします。

【図2】

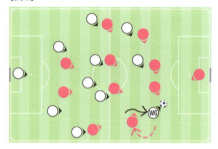

【図3】

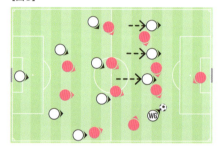

【質的有利の理論　まとめ】
・上手いクラックに広いスペースを与える
・高いクラックに高高度クロスを入れる
・速いクラックに裏抜けのスペースを与える
・強いクラックは足元からボールを離して持つ
・クラックにボールが入った瞬間が攻撃のスイッチ

逆重心の理論

逆重心については「数的有利の理論」でも触れましたが、相手の重心を逆方向に傾かせて置き去りにする理論です。オンザボールでもオフザボールでも逆重心は発生します。ここではターンをしないサイドチェンジ、パスを受ける際の「デスマルケ」、ドリブルにおいて相手の重心を動かす「アーチライン」、パスにおいて相手の重心を動かす「数秒先のパスコース」、シュートにおける逆重心について解説します。

サイドチェンジにおける逆重心

例としてサイドチェンジが分かりやすいので、そこから解説します。

一番シンプルなサイドチェンジとしては、【図1】のように1本の長いボールを蹴ることです。しかし、これにはデメリットがあります。滞空時間が長いので、その間に相手ブロックもスライドできてしまいます。また、パスを出す選手が逆サイドに正確なロングボールを蹴る、という技術的な裏付けが必要となります。

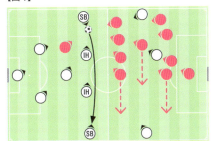

【図1】

次に、パスを繋ぐサイドチェンジを見てみましょう。【図2】ではレフト(SB)からパスを受けたレフト(IH)が180度ターンしてライト(IH)へ、さらに同様にターンしながらのパスでライト(SB)に届けています。

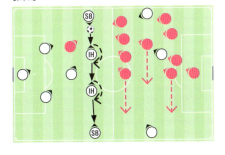

【図2】

ボールが直線的に移動していきますので、ロングボールと同様に相手もスライドするこ

とが可能です。しかも、ボールの経路が1種類なので相手は加速して移動でき、素早いスライドを許してしまいます。なおかつ、パスを受けるたびに背面視野を取って180度ターンをするために高い技術が必要となります。

では、どうやってサイドチェンジすればいいのでしょうか。ここで逆重心の理論を活かしたサイドチェンジの方法を紹介します。例えば、【図3】でレフト⑤Bからパスを受けたレフト⑪はターンせず⑤Bにダイレクトで返し、⑤Bは中に入りながら受けて、ライト⑪にダイレクトで渡します【図4】。その時、レフト⑪はオフザボールで180度ターンしてライト⑪からダイレクトパスを受け【図5】、ダイレクトでライト⑤Bに渡します【図6】。これにより、オンザボールでのターンが必要なくなります。

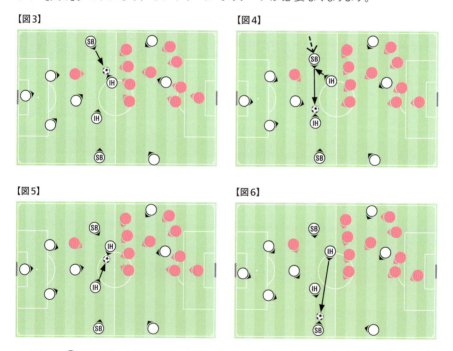

最初に⑤Bからパスが出た時、相手の重心は⑪へ向いていますが、⑪から⑤Bへダイレクトで返すことによって相手の重心は⑤Bへと振られ、さらに⑤Bから右の⑪へのダイレクトパスによって再度重心が逆に振られます。同様に繋ぐ間に重心の向きはジグザグになっています【図7】。この時、相手は逆重心を取られ続けて直線的に

目的地に向かえない状態になります。この状態を「ノッキング」と呼びます。

この逆重心の理論を活かしたサイドチェンジでは、パスの数は増えて最短経路ではありませんが、相手はノッキングを起こしながら180度の重心移動を繰り返します。そのため、素早いスライドができずにスペースを大きく残した状態でサイドチェンジを許し、その上体力を奪われるという結果になります。

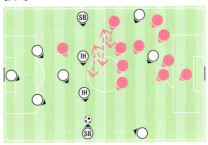
【図7】

パスを受ける際のデスマルケ

「デスマルケ」とは「マークを外す」という意味のスペイン語のサッカー用語です。デスマルケも相手を逆重心にするプレーになります。例えば、【図1】でSBからIHへのパスが出された時、パスのコースはIHも相手も瞬間で認知できるので、デュエルが発生することは事前に分かります。

そこでデスマルケの技術があれば、パスが出る瞬間にIHは少しバックステップします。相手にマンマークの概念があれば釣られて下がります。その結果、SBとIHの間のスペースが拡大します。IHは受ける瞬間に前に出ます【図2】。相手は逆重心になっているので、寄せ

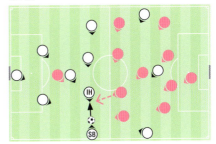
【図1】

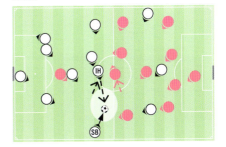
【図2】

が少し遅れます。これが、離れてから近付くパターンのデスマルケです。

逆に(IH)が(SB)に近付きながら、パスを受ける瞬間にバックステップしながらファーストコントロールを相手から遠ざかる方向に持っていくというデスマルケもあります【図3】。逆重心というものは、オンザボール、オフザボール、オンザボールになる瞬間でも、人が動いていれば必ず発生すると理解しておいてください。

【図3】
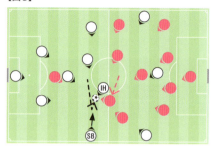

ドリブルでのアーチライン

ドリブルにも逆重心の考え方があります。というよりも、ドリブルで抜くということは逆重心を取るということです。

ドリブルで抜かれない守備を極端に表したものが【図1】です。守備者は抜かれることはありませんが、ボールを左右に動かされるたびに下がりながら首を振ってボールの位置を確認しなければなりません。ただ、多くの場合は守備者がドリブラーに向かって止まっているか、向かってくる形になります。

(WG)の場合は中央にドリブルをしてカットインからのシュートを狙うか、縦をドリブル突破して深い位置からのクロスを上げようとします【図2】。

【図1】
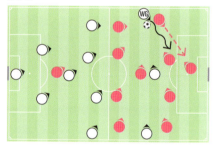

【図2】
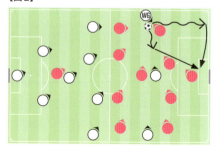

【図3】

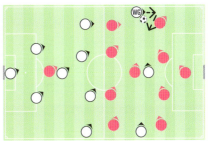

WGがカットインを狙うならば、まずは縦突破を仕掛けるように見せます。相手はそれを防ごうと縦を切ってきます。この時、相手の重心はWGの進行方向に移動します。その瞬間に相手の踵を通すように中央にカットインします。相手は逆重心になっているので対応できません【図3】。

相手が重心を動かさないように止まっているならば、それを動かすように仕掛けるのです。動き出した相手は急に止まることはできません。ただし、完全に逆方向にドリブルのコースを取るとWG自身も逆重心になってしまうので、加速するためにはゼロからの動き出しになります。なので、踵を通すというイメージが重要になります。

【図4】

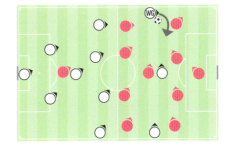

この一連の動きを図示すると【図4】のようなアーチを描くようなイメージになります。これを私は「**アーチライン**」と呼んでいます。カットインが得意なWGを例に挙げましたが、クロスが得意なWGの場合は、逆にカットインの動きを見せておいて相手を逆重心にし、そこから縦突破をするので逆向きのアーチラインになります。

【図5】

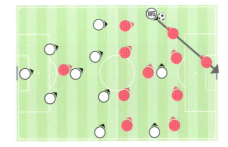

ドリブルで考えるべきことはゴールに向かうことです。そして、ゴールはピッチの中央にあります。なので、【図5】のようにゴールに向かって一直線に運びたいところです。しかし、守備者はその直線上に立ちます。

では、どのような方向でゴールに向か

うべきかと言えば、2通りしかありません。【図6】のように守備者の中か外か、どちらかのコースにドリブルをすることになります。そして、上述の逆重心を取るドリブルを自動化しておけば、1対1になった時に迷いなく仕掛けられます。

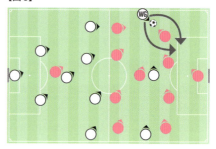
【図6】

カットイン、クロスのどちらの場合でも、まずはインサイドでボールを触ります。さらにインサイドで触った後でアウトサイドで触って縦に突破します。イン→イン→アウトによる切り返しになります。アーチラインを一筆書きではなくタッチに合わせて描くと【図7】【図8】のようになります。この切り返しの駆け引きには「**陰陰陽**」「**陰陽陰**」という考え方があるのですが、詳しくは「駆け引きの理論」で解説します。

【図7】

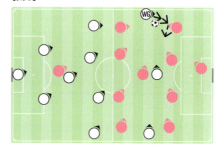
【図8】

WGの仕掛け以外の運ぶドリブルであっても逆重心は同様に発生します。ビルドアップ時の2対1の場面でも横パスを出すと見せておいて相手の重心を動かしておけば、縦にドリブルで運ぶことができます【図9】。ドリブルは相手の重心を動かし、逆重心を突く──これに尽きます。

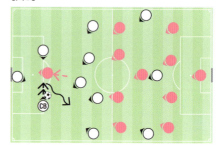
【図9】

逆重心の理論

数秒先のパスコース

　逆重心の理論は、パスにも活かすことができます。【図1】ではボールホルダーのピボーテ(P)に向かって偽9番となった(FW)が下りてくることで相手は(FW)にパスが出ると判断します。しかし、相手が出たことによって空いたスペースに、ピボーテ(P)からフィードを入れることによって、相手は逆重心になります。

　逆重心は他のポジションでも発生します。【図2】のようにボールホルダーの(CB)に対して(FW)がパスをもらいにきたところで、空いたスペースに(WG)が走り込み、(CB)がフィードを放り込むことでも相手は逆重心になります。逆重心によって数秒先のパスコースを作るのです。

【図1】

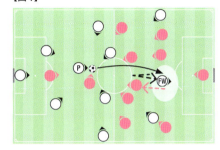

【図2】

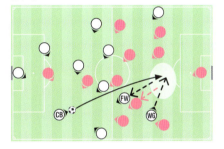

シュートにおける逆重心

　もちろん、フィニッシュの場面でも逆重心を利用します。(GK)が一歩も動けないというシュートは逆重心になっている状態です。よく見かけるシーンとしては、45度の角度からファーに蹴ると見せかけてニアをぶち抜くというシュートがあります【図1】。

【図1】

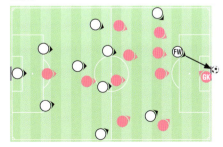

クロスからのシュートの場合でも、ゴールの縦軸、GK の目の前を横切るクロスが発生すれば GK は素早くポジションを移動します。そのために GK の重心は乱れます。その時に FW がファーに弱いシュートを蹴ればゴールを奪えます【図2】。FW が速くて強いシュートをファーに蹴ろうとすると、重心移動中の GK に当たってしまいます。

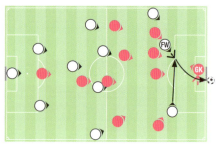

【図2】

　シュートを成功させるためにはニアを狙うのか、ファーを狙うのかによって球種を変えます。GK の重心がどのような状態なのかを分析すれば、ベストなシュートというものが変わってきます。

　サッカーの局面すべてにおいて重要なことは、「**相手の重心を見る目**」なのです。ということで、次の「視野の理論」に繋がっていきます。

【逆重心の理論　まとめ】
・サイドチェンジではオンザボールでのターンをせずに相手を逆重心にする
・パスを受ける際のはデスマルケで相手を逆重心にする
・ドリブルではアーチラインを描くことで相手を逆重心にする
・逆重心を利用して数秒先のパスコースを作る
・相手の重心を見る目でベストなシュートを選ぶ

視野の理論

かつて私は「繋ぐサッカー」が「何のために繋いでいるのか」ということを考えていました。そこで答えが出た時に、とてもすっきりしました。繋いで何をしたいかと言えば、**なるべく前方にいるフリーの味方にボールを預ける**ということでした。預ける先は「フリーの味方」でなければなりません。なぜ「フリーの味方」なのか、それは顔を上げられるからです。顔を上げることができれば、視野が取れます。なので、視野が取れる選手にボールを渡すことが攻撃の目的とも言えます。それくらい、視野というものは重要なものなのです。

ボールはターンの時に奪われる

ボールを奪われるパターンはいくつかありますが、一番多いのはターンをしている時です。【図1】でⒸⒷからⒾⒽにパスが入り、ⒾⒽが受けてからターンしようとした時に視野を取っておらず、相手が背後にいることを分かっていなければ、ターンした瞬間にボールを奪われてしまいます。

ⒾⒽが視野を取れていれば、パスを受けた瞬間、ボールを中央方向にさらして相手を引き付け、サイド方向にターンすることができます【図2】。視野が確保できていれば、相手を出し抜くというアイデアが生まれてくるのです。視野の有無で結果はまったく違ってきます。

【図1】

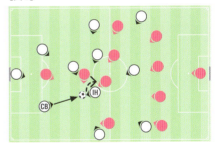

【図2】

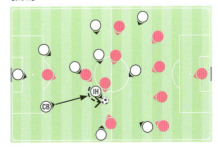

前述した「逆重心の理論」で相手を逆重心にするサイドチェンジ（P.69）を紹介しましたが、オンザボールでは誰もターンしていません【図3】。手数はかかりますが、ターンすることでのリスクを避け、プレーの難易度を下げてサイドチェンジを成功させるという意味では、戦術的なプレーだと言えます。

【図3】
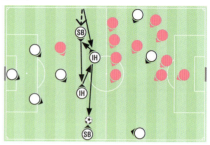

しかも、すべてのパスはダイレクトで、かつパスの角度も90度以内で収まります。90度を超えるパスは難易度が上がりますが、来た方向に返すパスは簡単です。走る先が決まっていれば相手も全力で速度を上げられますが、ダイレクトで戻されると走りにくくなります。

ひとつ飛ばしのパスは視野として有利

【図1】ではボールホルダーのCBの1列前にいるCBにパスを出すとマークに付いている相手FWに奪われる可能性があります。しかし、ひとつ飛ばしてピボーテPにパスを出し、ピボーテPはCBの前方に横パスを出せば、相手は対応しにくくなります。それだけではなく、CBは前を向いた状態でボールを受ける

【図1】
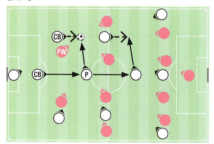

ことで視野を確保できます。ここが重要です。バックパスのような横パスは、視野として有利な状態で受けられるのです。ちなみに、【図1】のような中盤ダイヤモンドの陣形ならば、1列目→3列目→2列目と同様に、3列目→5列目→4列目とバックパスを織り交ぜながら前進していくことができます。

視野の理論を活かしたワンツーパス

　ドリブルとパスがどちらもできる場面では、どちらを優先的に使うべきか——私は常々考えていました。そして結論が出ました。答えはドリブルです。なぜかと言うと、パスではボールを進めることはできますが、パスを受けたところの数的状況は変わらないのに対し【図1】、ドリブルならばボールを前に運んだ上で数的有利を作ることができるからです【図2】。

【図1】　　　　　　　　　　　【図2】

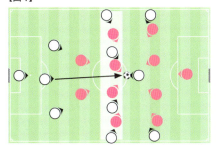 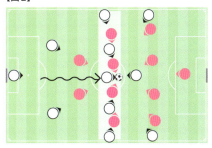

　ボールのみ前へ進めるのか、ボールと人を合わせて進めるのか、そのように考えるとドリブルの方が価値があることがお分かりいただけたと思います。しかし、ボールと人を進める方法はドリブル以外にもあります。それがワンツーパスです。ワンツーはパスなのですが、人も前に行きます。相手がゾーンマークに縛られずボールホルダーに対して積極的に守備に出てくる場合、ワンツーは特に効果を発揮します。

　ワンツーにもさまざまなパターンがあります。そこで私はパスの経路でワンツーを4種類に分類しました。

横→縦のワンツー

　1つ目に説明するのは横に出した後、縦に走って受けるワンツーです。例えば【図1】で (SB) がボールを持っていて、内側の (IH) との間で行うワンツーです。相手は (IH) への

パスコースを遮るために寄せてきますがギリギリで通した後、(SB)は相手の死角になるコースを走って(IH)からのワンツーを受けます【図2】。

【図1】

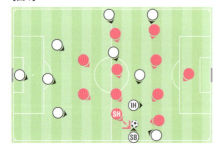

【図2】

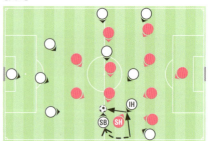

ここで重要なことはタメを作ることです。【図2】で相手(SH)が(SB)を追いかけてきたとしたら、移動距離が短い分(SB)よりも早くボールに触ることができてしまいます【図3】。それを防ぐために相手を十分引き付けてからパスを出し、相手を逆重心にしてスタートを遅らせる。これがタメを作るということになります。

【図3】

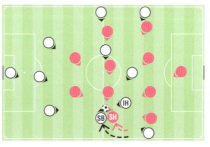

横→縦のワンツーはさまざまなシーンで活用できます。例えば、相手のDFラインが5枚でブロックを組んでいた場合、5枚のうち1人が必ず出てきます。

【図4】ではボールホルダーの(IH)に対してDFラインの1人が出てきたならば十分に引き付けた上で(FW)に出し、(IH)は前を向いた状態でワンツーを受けることができます。相手の重心がどこに向かっているかによって、逆重心の理論を活かしてワンツーの走る方向とパスを出す方向が決まるのです。

【図4】

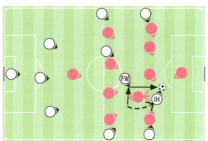

視野の理論

横→横のワンツー

　視野の理論を活かした2つ目のワンツーは、**横→横のワンツー**です。例えば、【図1】のようにWGがボールを持っていれば、相手WBはIHへのパスコースを切るために出てきます。ここでもWGはWBを十分引き付けた上で、IHへパスを出します。WBにとってIHは死角になるので体の向きを変えて視野を取り、IHへ寄せにいきます。この時、WGはWBの視野から外れるのでIHからのワンツーを受けることができます。WBはWGを追いかけようとしてもIHがブロックしているために進めません。そしてWGは加速したまま、ドリブルでバイタルエリアを攻めることができるのです【図2】。

　P.69で説明した「**サイドチェンジにおける逆重心**」も横→横のワンツーを応用したプレーになります。

【図1】

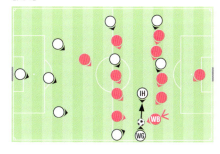

【図2】

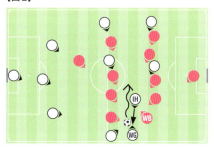

縦→横のワンツー

　3つ目の**縦→横のワンツー**は、守備の列を越えるワンツーパスになります。止まった状態でも実行可能ですが、現実的なシチュエーションとしては動きながらのプレーが多くなります。例えば、中央でボールを持ったピボーテPがサイドに向かってドリブルをしている時、相手は併走しながら寄せてきます【図1】。併走していればボールを持っていない相手の方が速いので距離が縮まってくるので、引き付けた上でIHに縦パスを入れます。ピボーテPは、パスを遮ろうとした相手の視野から外れるように

後ろを回り込んで(IH)からのワンツーを受けます。相手は逆重心になっているため、ピボーテ(P)に追い付くことができません【図2】。

【図1】　　　　　　　　　　　【図2】

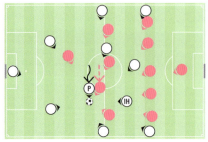
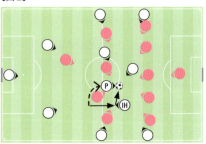

縦→縦のワンツー

最後に紹介するのが縦→縦のワンツーです。ドリブルで抜くには相手のゲートが狭く、パスならば通せる場合に使います。例えば、ピボーテ(P)がボールを持っている状態で、相手のゲートを越えるパスを(IH)に出します【図1】。相手の視線はパスを受けた(IH)に向けられるのでピボーテ(P)は視野から外れます。そのタイミングで縦方向へ走り出し、(IH)からのワンツーを受けることでドリブルで抜いた時と同じく数的有利の状況を作り出せます【図2】。そして縦→縦のワンツーには、もうひとつ利点があります。パスを受けた(IH)の視野は後ろ方向に向いていますが、落としのワンツーを受けたピボーテ(P)は前方向に視野を持った状態で攻め込むことが可能になるのです。

【図1】　　　　　　　　　　　【図2】

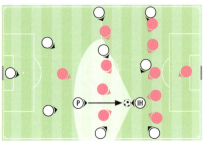
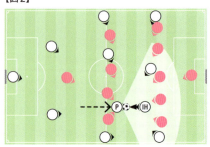

プレスにいく前には必ず視野を取る

攻撃での視野について解説しましたが、守備においても視野は重要になってきます。例えば【図1】のように4-2-3-1の相手にプレスにいく場合、IHがマークに付けていなかったとします。この状態でFWがボールホルダーにプレスにいっても簡単にパスを通されてしまい、FWは無駄走りになってしまいます。

【図1】

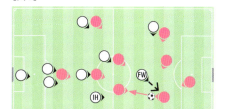

このようにならないように、周りがマークに付いているかを確認し、それからプレスにいくべきです。守備においても視野が重要だということです。

ボールウォッチャーにならないように注意

ブロックでも視野が重要です。【図1】では相手WGが左サイドでボールを持っているのでブロック全体が左にスライドしています。ここでFWが視野を取らずに相手の最後列をマークにいってしまうとスペースが空いてしまいます。同様に、【図2】でSBが視野を取らずに逆サイドをマークにいってしまうと、ゲートが広がってしまいます。

【図1】

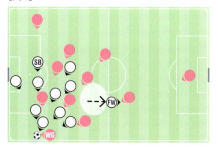

【図2】

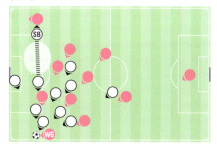

【図3】で相手 WG がクロスを上げようと見せつつ切り返してカットインを狙い、それもキックフェイントで再度クロスを狙うというシーンがあります。この時、守備者全員がボールウォッチャーになりがちで、【図4】のようにゴール前に相手が入り込む隙を作られてしまいます。フェイントは対峙する相手だけではなく、ピッチにいる全員の視野を固定させるプレーなのです。視野を奪われればマークがずれます。その結果、相手にゴールを決められてしまいます。 WG にドリブラーを置く理由はここにありますし、フェイントからのクロスで得点が入ることが多いのも、視野を奪って守備者をボールウォッチャーにしていることが原因だと言えます。

【図3】

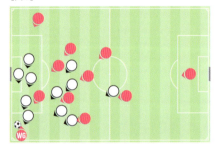

【図4】

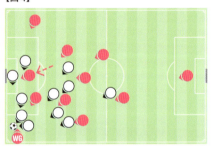

守備者が視野を奪われないようにするには、対人守備のテクニックを学ばなければなりません。まずは相手をボールとの線上に置くことです。【図5】では CB は相手を前方に置き、ファウルにならない程度に相手を手で触っておきます。触ることによってボールは目で確認し、相手は手の感覚で確認するのです。

【図5】

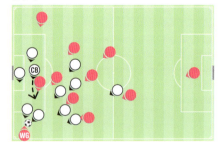

そして、実際にボールが来た場合は相手よりも前に出なければなりません。しかし、相手が大きい選手の場合は体を活かして守備者を前に出さないようにするので簡単ではありません。

ボールへの視野は1割、周辺視野を9割に！

　サッカーの試合を観ていると、プレーヤーの多くはボールに視野を向けていることが多いようです。私はボールへの視野は1割、周辺視野を9割にすべきと考えています。ボールは自然と見てしまうものです。なので、ボールは一切見ないくらいの感覚でプレーした方がいいのです。ボールを見なければならないシーンは限定されます。まずは、自分に対してパスが来る場合、味方がキックするタイミングと自分がボールを触るタイミングだけです。この2つのタイミングを押さえておけば、あとはボールを見る必要はありません。

　例えば【図1】では⑭から⑭にパスが来る可能性があるので⑭がボールを蹴る瞬間、⑭はボールを見なければなりません。しかし、パスが⑭に向かったと分かったら⑭は首を振って周辺視野を取るのです。

　そして【図2】で⑭がドリブルを開始したらワンタッチ目、ツータッチ目で⑭は周辺視野を取れます。その後、⑭に向けてパスが出された瞬間は⑭はボールを注視して、ボールの速さや球種を判断しながらボールが動いている間は再び周辺視野を取り、ボールを受ける瞬間はボールを注視します。⑭はトラップできたら顔を上げて周辺視野を取り、パスを出す瞬間はボールを注視……という具合にボールが動いている間は周辺視野を取って情報を得ます。何分も前の情報ではなく、現時点での情報を頭にインプットするのです。

【図1】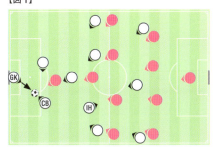

【図2】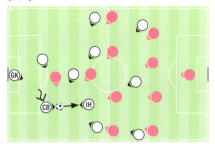

　なので、味方との距離が近い場合のパスは球速が遅くないと周辺視野が取れませ

ん。逆に味方との距離が遠い場合は、ある程度の球速がないと相手にインターセプトされてしまいます。

　私が試合のライブ配信をする時にフォーメーションやチームの狙いなどを次々に解説すると視聴者の方から「すごい!」と言われることがあります。なぜそれができるかと言うと、ボールを見ていないからです。解説中はプレーをしなくてもいいので、ボール以外の人の配置や動きを見ていられるのです。プレーをしていたとしても、本当にボールを見なければいけない時間としては1割どころか、1％に満たないかもしれません。プレッシャーの強い相手だと、ついついボールを見がちですがそういう相手の時こそ、ボールではなく周辺視野を取って周りを見ることです。

　もっと重要なことは視野を取る技術です。周辺視野は0.1秒で取りたいのです。ボールが動いている瞬間に周辺を見なければならないので、ゆっくりと見ている時間はありません。首を限界まで振ると反動で元に戻ります。その一瞬で見た情報を、首を戻したところで図として脳内でマッピングするのです。そして、局所的に首を振るだけでなく、試合中ずっと首を振って周辺視野を取ることが重要です。周辺視野を取る技術は大きな武器になります。サッカーが上手い選手の首が太い理由はここにあります。上手い選手は、1試合に何百回と首を振っていますので。

【視野の理論　まとめ】
・ターンの時に奪われないように視野を取る
・ひとつ飛ばしのパスは視野として有利
・プレスにいく前には必ず視野を取る
・ブロック時にはボールウォッチャーにならないように注意
・ボールへの視野は1割、周辺視野を9割に!

駆け引きの理論

今までお伝えした理論は、すべて駆け引きの理論に繋がってきます。まず、駆け引きには「陰」「陽」があることを知ってください。サッカー戦術において「陽」とは相手が一番やられたくないこと。「陰」とは相手が「陽」を防いだことによって発生してしまう穴のことです。そして、「陰」と「陽」を駆け引きで使う場合には「陰陰陽」、「陰陽陰」という2つの流れがあります。

駆け引きには陰と陽がある

プレーの準備を一切せず、ノープランでプレーした場合、下記の「**3つの無駄**」が発生します。駆け引きを理解することで最小限の時間で積極的に仕掛けることができ、迷いなく目的を遂行できます。「**駆け引きのメリット**」としては下記の3つが挙げられます。

3つの無駄	駆け引きのメリット
時間（スペース）	最短時間
体力	最高効率
手の内	二択勝負

質の高い駆け引きを実行するためには、「陰」と「陽」の概念を理解する必要があります。

陰の概念	陽の概念
陽と対極となる動き	陰と対極となる動き
素早く決まりやすい	警戒され決まりづらい
低リターン	高リターン

その選手、チームが最も得意なテクニックやゲームプランを「陽」に設定し、相対するテクニックやゲームプランを「陰」として考えます。そして、「陰」と「陽」をどちらも磨き上げておくことが駆け引きを成功させるポイントとなります。

誰もが知っているメッシを例に挙げて「陰」と「陽」を見てみましょう。右サイドでボールを持ったメッシ（【図1】では**WG**）がカットインしてからのシュート。これが守備側として一番やられたくないプレーです。これが「陽」になります【図1】。

守備側がカットインをさせないようにコースを切ると、メッシは縦に突破して右足でクロスを上げます。これが「陰」になります【図2】。

【図1】
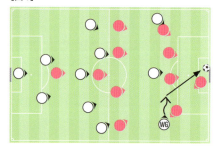

【図2】
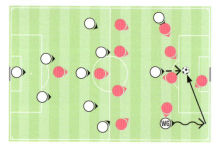

陰陰陽と陰陽陰

駆け引きの理論では「陰」と「陽」を組み合わせた流れがあります。それは「**陰陰陽**」と「**陰陽陰**」の2つに集約されます。再びメッシのプレーを例に、まずは「陰陰陽」から説明しましょう。【図1】でメッシとしては「陽」であるカットインからシュートをしたいので、カットイ

【図1】
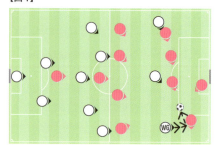

ンのコースを切られたくありません。そこで「陰」である縦突破を見せ、さらにもう一度縦突破を見せます。相手が縦突破のコースを切りにいったところで「陽」に切り替え、カットインからのシュートを打ちます。これが「陰陰陽」です。「陰」「陰」と2回行うことが重要になります。「陰」を強調するのです。

次に「陰陽陰」です。メッシのような世界的に有名なクラックだと、どのようなプレーをするかは誰もが知っています。だからこそ守備側は「縦突破を見せたところで、カットインをしてくるだろう」という頭があります。そのような状況で、まずは「陰」である縦突破を見せます。相手は縦切りをするフェイクをします。本

【図2】

気で縦切りするわけではなく、メッシのフェイクに乗ってあげる形です。メッシは、「待ってました!」と言わんばかりに「陽」であるカットインに持っていきます。相手は「引っ掛かったな!」とカットインのコースを切ります。そこでメッシは「陰」である縦突破を成功させるのです【図2】。

最も分かりやすい例が、2014-15シーズンのチャンピオンズリーグ準決勝1st leg、バルセロナ対バイエルン戦でメッシとボアテングが対峙したシーンです。メッシに「陰」「陽」と見せられ、ボアテングは逆重心の連続に耐えられずバランスを崩してしまい、最後の「陰」の縦突破の瞬間は倒れ込んでしまいました。

カットインが得意な選手としてエムバペ(【図3】では)も「陰陰陽」を上手く使っていますが、派生形とも言うべき「陰陰陽陰」という流れがあります。「陰」「陰」で縦突破を見せながら「陽」でカットインを見せます。しかし、相手の重心を崩したところで「陰」の縦突破を成功させるのです。「陰陰陽陰」の最初の「陰」を外せば、「陰陽陰」となります。

【図3】

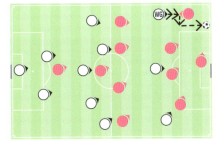

89

WGのプレー以外にも同じように駆け引きの理論は成立します。【図4】ではCBが横パスのフェイクを2回見せ、相手がパスコースを切りにきたところで縦にドリブルで運んでいます。このプレーも「陰陰陽」です。逆に【図5】のようにCBが横パスを見せて、相手がパスコースを切りにいくフェイクをしながら縦切りにきたならば横パスを入れられます。これは「陰陽陰」です。すべてのポジションのすべてのプレーで「陰陰陽」または「陰陽陰」による駆け引きがあるのです。

【図4】

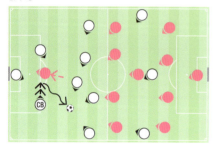

【図5】

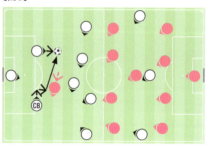

「陰」と「陽」の流れが3回というところがポイントです。そして、「陰」が2回あるので効くのです。

チームとしての駆け引き

例えば、パスサッカーをするチームでパス→パス→パスと繰り返すと、相手に読まれてしまいます。そこにドリブルを入れればパスの成功確率も高まります。シュートコースも同じです。ファー、ファー、ファーと同じコースばかりではなく、ファー、ファー、ニアと変化を付けることでファーに慣れさせ、「陽」であるニアを決めることができるのです。

私は「ストーリーを持たせよう」という言葉で表現し、指導しています。例えばWGがSBと対峙した時に1回目の仕掛けはどうするのがベストで、2回目の仕掛けはどうするのがベストで、3回目はどうなのか――。1回目は抜けなかったとしても縦

に仕掛け、2回目も抜けなかったとしてもやはり縦に仕掛けて、3回目に縦を見せてから切り返せば決まるのではないか、などマッチメイクにおいても「陰陰陽」または「陰陽陰」という流れが大事になります。同じことばかり繰り返しても勝つことはできない、ということです。

例えば、GOAT FCがやろうとしているサッカーは、パスを繋いで点を取ることです。そして繋いだ結果、ゴールを奪ったとします。その時の相手の気持ちを考えると、次は必ずプレスにくるはずです【図1】。そこで相手のキックオフの直後にボールを奪った時、キック&ラッシュすれば、プレスに出た相手の裏を取ることができます【図2】。これがチームとしての駆け引きです。

【図1】

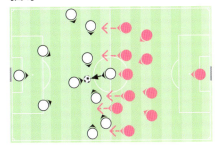

【図2】

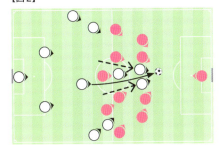

守備側の駆け引き

守備側として「陰陰陽」を仕掛けてくるか、「陰陽陰」を仕掛けてくるか分からない相手に対して、重要な考え方は「**陽切り**」になります。

「陽」であるカットインが得意なドリブラーが縦突破を仕掛けてきた場合「陰」の誘いに乗ってしまうと【図1】、相手が一番やりたいカットインをやられてし

【図1】

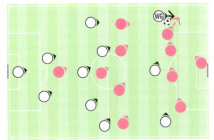

第1章　12の理論

【図2】 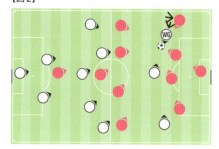　【図3】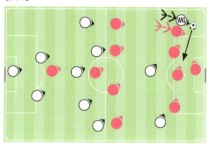

まいます【図2】。なので、まずは「陽切り」でカットインのコースを切ることです。その結果、縦突破からクロスを上げられるかもしれませんが「陽」に比べればましです【図3】。守備側にとって一番の脅威は「陽」、それよりはましなのが「陰」なのです。

【駆け引きの理論　まとめ】
・駆け引きには「陰陰陽」と「陰陽陰」がある
・2回「陰」「陰」があるので効く
・チームとしての駆け引きも「陰陰陽」または「陰陽陰」という流れが大事
・守備側の駆け引きでまず考えるべきは陽切り

渦の理論

先述した「ゲートの理論」はゾーンプレスを破壊する武器でした。ここでは、マンマークを破壊する武器として「渦の理論」を紹介します。渦のように回転する動きによってポジションチェンジを行い、マンマークをコントロールするのです。渦のメリットは攻撃側の陣形のバランスを保ったまま、相手のディフェンスラインを押し下げ、1列化させるところにあります。そして、同じ方向に回転することでトランジションが発生しても攻撃と同じ動きで守備に移行できるというメリットもあります。私の理論では「ボトムの渦」「トップの渦」「サイドの渦」という3つの種類があり、それぞれ相手の陣形やマークの方法によって利点があります。

渦とは何か？

2対2の状態でマンマークに付かれているとします。この時、守備側には【図1】のようなゲートができています。このゲートを通すためにはゲートに対して垂直に交わる線上にボールを運ぶ必要があります。攻撃側の2人の選手は、それぞれ矢印の両端に移動しなければなりません。【図2】は攻撃側の2人の選手が移動した状態です。渦のように回りながら動いていることが分かります。

つまり**渦とは、マンマークを破壊する武器**なのです。

【図1】

【図2】

第1章　12の理論

　サッカーの守備はゾーンマークとマンマークの2つに大別されますが、完全に割り切っているかと言えばそうではありません。ゾーンマークであっても、人に対してぴったりマークに付くことがあります。なので、マンマークの傾向が強いゾーンマークやマンマークの傾向が弱いゾーンマークという守備方法が見られます。渦は完全なマンマーク、またはマンマークの傾向が強いゾーンマークに有効な攻撃方法と言えます。

　マンマークにもハーフコートマンツーマンとオールコートマンツーマンがあります。相手陣内にボールがある間はマンツーマンで守り、自陣にボールが来たらゾーンマークで守るのがハーフコートマンツーマンです。マンマークでもハーフコートマンツーマンが一般的です。

　2018年にビエルサがリーズ・ユナイテッドの監督に就任し、オールコートマンツーマンを戦術として採り入れ、当初は好成績を収めました。しかし、対戦相手の対策が進むにつれ、オールコートマンツーマン戦術は上手くいかなくなりました。この対策こそが渦だったのです。

　完全にマンマークに付かれても GK はフリーになります。極論になりますが、マンマークに付かれた選手が相手を釣って中央を空ければ、GK から1本のゴロパスを FW に入れることができます。FW は1対1の勝負なので、そこで競り勝てば一気にゴールチャンスです【図3】。原理としてはこのようになりますが、現実的にはもっとロジカルです。

　ゾーンプレスの攻略法はライン間のギャップに人を置くことですが、マンツーマンに対する攻略の鍵はポジションチェンジです。マンツーマンは人に付くことしかできません。攻撃側の選手が動き始めた時に、守備側の選手は追従して

【図3】

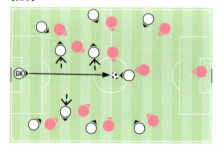

【図4】

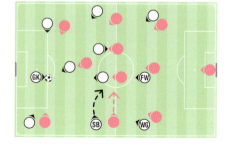

94

いきます。追従していくということは、スペースができるということです。【図4】で⒮⒝が動き、【図5】で空いたスペースに入ろうと⒲⒢が動けば、相手は追従するしかありません。すると、背後にスペースができるので、【図6】では⒮⒝がそのスペースを利用することができます。

【図5】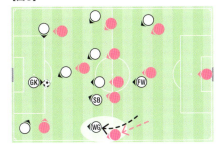

【図6】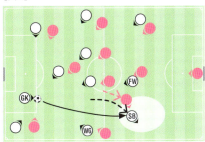

以上のようにマンマーク攻略は、ポジションチェンジが鍵になるのですが、それをロジカルにしたものが渦であると言えます。

ボトムの渦

私の理論では、渦には3つの種類があります。最初に紹介するのが「ボトムの渦」です。例えば、「リバプール式プレス」という戦術があります。【図1】のように⒞⒝がボールを持った時、1トップの⒡⒲は⒞⒝ではなくピボーテ⒫をマンマークします。⒞⒝へのプレスは⒮⒝をマークしていた⒮⒣が担当します。

【図1】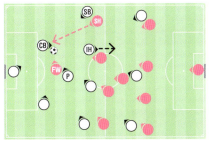

ヨーロッパのトップチームでは「リバプール式プレス」への対抗策として、⒤⒣のデスマルケが使われています。⒤⒣が上がり目で相手を引き付け、空いたスペースへ⒤⒣が

デスマルケで入り込み、(CB)からのパスを相手よりも先に触って(SB)へ横パスを出します。(SB)をマークしていた相手(SH)は(CB)を警戒するあまり(SB)から離れています。その隙に(IH)からパスを受けられます【図2】。ただし、相手(SH)は(SB)に対して二度追いができる上、(IH)に対するマークが厳しい場合、(CB)からのパスが通らない可能性があります。

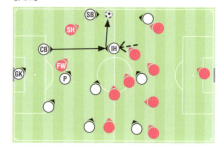

【図2】

そこで私の理論としては、ピボーテ(P)が上がり目のポジションを取って相手を釣り、レフト(CB)は相手(SH)から逃げるように空いたスペースにドリブルをします。もう1人の(CB)は交差するように左サイドへ移動し、横パスを受けます。相手(SH)は逆重心になり、(SB)からの距離も遠くなるので戻れません【図3】。このようにして横パスを受けた(CB)は(SB)へパスを通すことができます。これが「ボトムの渦」です。(CB)ではなく(GK)がスイッチして横パスを受けても、同じような「ボトムの渦」ができます【図4】。

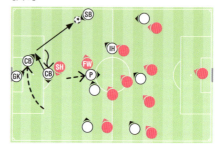

【図3】

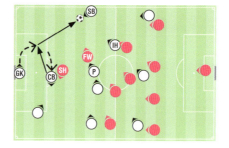

【図4】

トップの渦

次に紹介したいのが「**トップの渦**」です。「**トップの渦**」は主に4-2-3-1の時に効果的です。

渦の理論

CBがボールを持ってドリブルで運びます。この時、FWがサイド流れします。マークしていた相手のCBも釣られてサイドへ付いていきます。そこで、空いたスペースへAMが中盤の飛び出しを行います。CBからのパスを受けたAMは一気にフィニッシュに持ち込みます。これが「トップの渦」です【図1】。

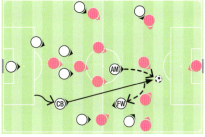
【図1】

4-2-3-1の強みは、トップのサイド流れと2列目の飛び出しに集約されています。これができるのはトップとトップ下がいるからです。

サイドの渦

3つ目に紹介するのが最も汎用性のある「**サイドの渦**」です。例えば【図1】のようにCBがボールを持っていて、SBはマンツーマン気味で相手に付かれていたとします。

CBは運ぶドリブルで上がり、SBは渦の動きで中に入ります。相手は釣られるのでWGへのパスコースが空きます。WGはパスを受けるために下り、相手も釣られて付いてきます。そうすればCBからパスを受けたWGは、空いたスペースへ入るSBにパスを出すことができます。この動きが、基本の「サイドの渦」になります【図2】。

【図1】
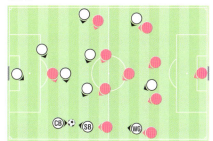

【図2】
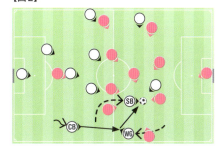

97

ただ、相手 CB がゴール前にいるため、SB はシュートには至りません。そこで、SB は相手 CB を引き連れてサイドに流れます。それに合わせて WG が「サイドの渦」の動きで回ってくれば SB がヒールで WG にパスを通すことができます。「**スペースの発生と活用**」という循環を、2人で行うということが「サイドの渦」の定義です【図3】。

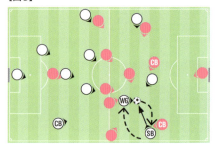
【図3】

さらに強力な渦の作り方を紹介します。4-3-3の相手が4-1-4-1ブロックを作った場合の崩し方にもなります。4-1-4-1の特徴はセンターラインが強いということです。中央に相手が3-3と6人構成になっています。中央は強いが、その分サイドが弱点になります【図4】。

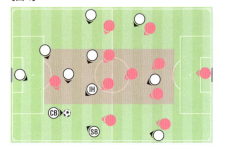
【図4】

そこで IH がサイドに流れます。この時、対峙する相手 IH がマークに付いてくるかどうかですが、多くの場合は「**ポジションに対する引力**」（P.198）が影響して、付いてくることを躊躇します。中央を担当する IH がタッチライン際まで守りにいっても大丈夫なのか、という「引力」が原因で思い切り付いていけないのです。

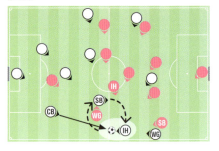
【図5】

そこで SB が渦の動きを発動すると、WG は釣られて IH へのパスコースが空きます。IH は CB からのパスをフリーで受けられます【図5】。

もしも IH に相手 SB がマークに付いてきたならば、SB を引き連れて渦の動きを発動し、WG へのパスコースを作ります。

渦の発動ポジション

相手の守備陣形が4-4-2のような3列構成だった時、ライン間でボールを受けることで四角形のブロックの間を通す横パスが出せるようになります。しかし【図1】のように低いポジションで受けた場合、横パスのコースはひとつしかありません。

良い渦というものは、高いポジションから始まります。【図2】の位置でボールを受けたなら、ライン間への横パスやドリブルの選択肢が生まれます。パスやドリブルを見せることで相手のラインは下がってきます。そうすると、相手の1列目と2列目の間が空いてきます【図3】。空いたスペースへのパスを相手が嫌がって1列目も下がったら相手は圧縮され、結果として攻撃側は前進したことになります。

相手がどこをオープンにして、どこを切ってきたかを知ること、そしてライン間にパスを入れられるということが渦の発動ポジションとしては大事です。

なお、外の選手が下りるということはライン間への横パスだけではなく、裏抜けに対してアーリークロスを入れることができる、というメリットもあります。

【図1】

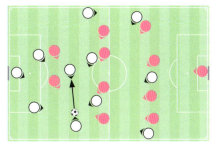

【図2】

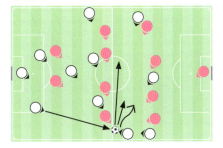

【図3】

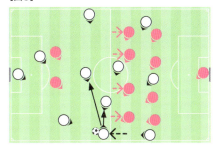

先述した通り、良い渦は【図4】のように相手のDFラインにかかるくらい高い位置にあり、そしてサイズが大きいことも重要です。

(SB)が渦の動きを発動すると相手も釣られて付いてきます。すると、相手はDFラインに吸収され、(IH)が下がるためのスペースができます。

反対に悪い渦は【図5】のようにサイズが小さく、低い位置にあります。こうなるとパスを受けても大きなスペースができず、フィニッシュにもいけません。結果として、狭いところで細かいパスを繋いで終わってしまいます。なので、大きなスペースを作りたければ、大きな渦を作らなければなりません。

【図4】

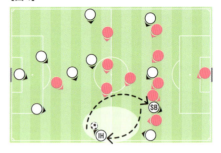

【図5】

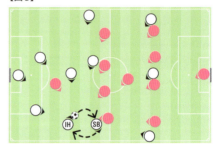

渦は守備でも効果を発揮する

渦のメリットを付け加えるならば、回転する方向が同じなので、トランジションが発生しても同じ方向への動きで守備に移行できるということが挙げられます。【図1】では(SB)が渦の動きをして、相手の進路を塞ぐようなポジショニングを取っています。

攻撃していた選手がノッキングするこ

【図1】

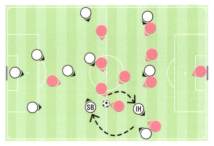

となくプレスバックできます。渦の流れに身を任せて動き続ければ、攻守においてバランスを崩すことなく効果的にプレーすることができるのです。

相手を押し込みつつも、バランス良く戻ってくる選手がいるのでカウンターを受けにくくなります。再度トランジションが起きてボールを奪えれば、上がっていく選手が下りていく選手のスペースを作ることができる上、顔を上げてプレーできます。

渦で相手守備ラインを1列化する

守備者の多くは、上がってくる（裏抜けしてくる）選手には対応しますが、下がっていく選手には対応しません。結果としてDFラインが1列化します。1列化した状態は守備をしていても守りにくく、インターセプトしてもパスを出す先がなくなります。渦によって相手守備陣を1列化という最悪の状態に追い込むことができるのです【図1】。

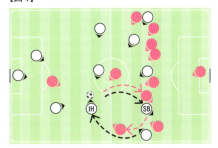

【図1】

時代によって渦の回転が変わった!?

以前のサッカーでは渦の回転方法が逆でした。と言うのは、【図1】のように WG が中に入り、 SB が外に回るということが多かったからです。回転の向きは逆ですが、これも渦の形です。

しかし、近年のサッカーでは WG にゲームメイク能力、 SB もスペースを作るというタスクが求められているため、渦の回転方向が右サイドなら右回り、左サイドならば左

【図1】 【図2】

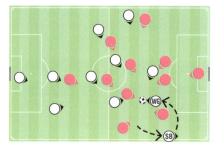
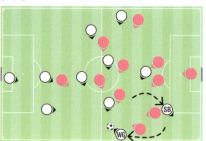

回りになることが多くなっているのです【図2】。偽SBという戦術もその典型です。

　そして、**SB**が相手のカウンター部隊であるサイドプレーヤーを中央化することで、攻守一体を実現できるというメリットもあります。

【渦の理論　まとめ】
・渦とは、マンマークを破壊する武器
・ポジションチェンジをロジカルにしたものが渦
・スペースを作ってすぐに使う
・良い渦は高いポジションから始まる
・大きなスペースを作るには大きな渦を作る

マークオンとマークオフの理論

「マークオン」とは相手のマークが付いている状態、「マークオフ」とは相手のマークが付いていないフリーの状態です。マークオンとマークオフにはそれぞれに役割があり、その役割を理解することで繋ぐサッカー、戦術的なサッカーが可能になります。マークオンとマークオフは、数ある理論の中で、最も重要な理論だと私は位置付けています。繋ぐサッカーをする時、どうしても上手くいかない場面があります。そのような時、選手達に「マークオン、マークオフ」と声をかけるだけで基本に立ち返り、上手くボールが回るようになるのです。この魔法のような言葉、マークオンとマークオフそれぞれの役割の違い、試合中の効果的な動き方について解説します。

スペースを作る人、スペースを使う人

　サッカーのピッチ上には、相手のマークが付いている**マークオン**と、マークが付いていないフリーの**マークオフ**の2種類しかありません。【図1】では⓪以外の選手はすべて**マークオン**です。一方、【図2】ではライト⑱とピボーテ⑫には相手のマークが付いておらず、**マークオフ**になっています。

【図1】

【図2】

　マークオンとマークオフの概念はとてもシンプルで、**マークオンの役割とマークオフの役割は違う**、ということを理解するだけです。

今度は、ピッチ全体で見てみましょう。【図3】の状況では、マークオフは⑰とライト⑱、ピボーテ⑲の3人。それ以外の選手はマークオンです。

それでは、**マークオンの役割**とは何でしょうか？ それは相手を釣ることによって**スペースを作る**ことです。マークオンが、相手マーカーを引き連れたままボールを受けに下りてしまったら【図4】のようにスペースは狭まり、ボールを受けて1対1に勝っても、他の相手がすぐに寄せてきてしまいます。これが上手くいかなくなる理由なのです。

マークオンはスペース作り、という役割を理解していれば、相手を釣ってスペースを作ることによって、1対1を突破した⑱が顔を上げてプレーできます【図5】。

一方、**マークオフの役割**とは何でしょうか？ それは**スペースを使う**ことです。マークオンが釣りによってスペースを作り、できたスペースをマークオフが使うのです。

指導者用の本の最後に「もし、こんな時は」というQ&Aがあるなら、そこに下記のように記したいと思っています。

【図3】

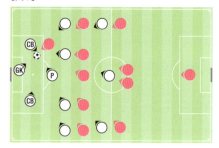

【図4】

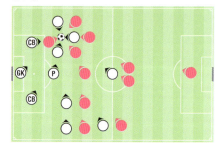

【図5】

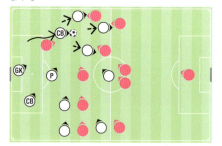

Q：もし、スペースがなくてボールが繋げなかったら？
A：選手に「マークオンでスペースを作る」「マークオフでスペースを使う」と伝える

ボールを繋ぐサッカーの意味を理解する

「視野の理論」の冒頭でも触れましたが、繋ぐサッカーが何のために繋ぐのか、と言えば、「少しでも高い位置にいるフリーの味方にボールを預ける」ということです。フリーでボールを受けられれば、顔を上げてプレーできるので、高精度のパスやシュートを打つことができます。パスの途中で奪われるリスクがあるにも関わらず繋ぐ理由は、ここに集約されます。

試合中の多くの場面では、ほとんどの選手がマークオンです。しかし、陣形の組み合わせによって、どこかにマークオフが生まれます。私の理論ではDFラインで1人、中盤で1人がマークオフになります。

【図1】では、マークオフのCBにボールが渡った時、マークオンのIHが中央の方向に釣ったので、相手は1人でIHとFWをマークできてしまいます。

マークオンの役割としては【図2】のように動くべきです。そうすれば少しでも高い位置にいて顔を上げられるフリーの味方であるFWにボールを預けられます。

【図3】でWGが裏抜けした場合でもCBからのロングパスでは精度を保つのが難しく、相手GKにクリアされるリスクがあります。しかし、高い位置にいるフリーのFWからのショートパスなら、シュートに持っていくことができます。このチャンスを作るためにボールを繋ぐのです。

【図1】

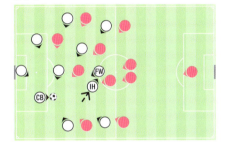

【図2】

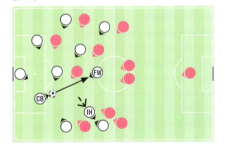

【図3】

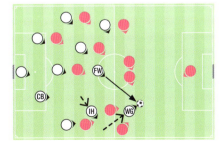

第1章 12の理論

マークオンはボールをもらってはダメ？

では、マークオンがマーカーを連れたままボールをもらいに下りてはダメなのでしょうか？ 必ずしもダメではありません。相手を背負いながらもボールを受けた後、【図1】のように上手くターンして相手をかわせばフリーになることができます。しかし、これには高い技術が必要となり、リスクを伴います。ターンが成功

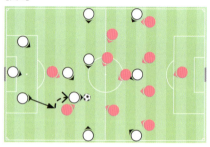

【図1】

したとしても「質によって解決したチャンスメイク」であって、マークオンによるスペースメイクに比べると戦術的な解決策ではありません。そして、上手い選手はそのようなリスクを冒しません。上手い選手であれば首を振って相手をパッと見て、マークオフの場合のみボールをもらいに下り、マークオンであればバックステップで釣るという動きをします。

自分がマークオンなのか、マークオフなのかを把握すること。状況が見えていることが戦術理解に繋がってきます。

マークオンとマークオフのビルドアップへの影響

ここからはマークオンとマークオフの理論が、ビルドアップにどのような影響を与えるかを説明します。

例えば、【図1】のように、4-2-3-1の相手に対峙した場合、ピボーテ Ⓟ はボールの逆サイドの ⒸⒷ の前、ⒾⒽ は中盤のインサイドゲートの中に入るように私

【図1】

【図2】

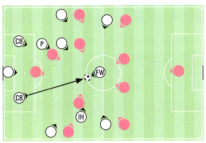

は指示します。これは本質的に言えば、マークオンの選手はスペース作りをしていることになります。

そうすればスペースができるのでⒸⒷから、少しでも高い位置にいるフリーの㋫へのパスを通すことができます【図2】。これがビルドアップにおけるマークオンとマークオフの動き方です。

では、㋫にマークが付いてマークオンになった場合はどうすればいいでしょうか?【図3】ではボールを保持しているⒸⒷとⒼⓀ以外は全員マークオンになっています。考え方として、人が入ってはいけない結界みたいなものをイメージすると分かりやすいかもしれません。この結界が近付いてきたら味方の選手は逃げるように相手を釣ってスペースを空けるのです。極論ですが、マークオンがスペース作りということを意識していれば、ⒸⒷは【図4】の位置まで上がることができ、相手ⒸⒷとの1対1に勝てばシュートまで持っていくことができます。

【図3】

【図4】

極論の例として挙げましたが、実はこのようにⒸⒷが持ち上がり、最終的にミドルシュートを打つシーンはサッカーの試合でよく見かけます。この現象は、相手がマンマークベースであり、攻撃側がマークオンでスペースを作って、マークオフがスペースを使う、という概念がかみ合った時に発生するのです。

マークオンとマークオフのフィニッシュへの影響

　マークオンとマークオフのフィニッシュへの影響について解説します。フィニッシュにおいてもビルドアップと同様に、マークオンとマークオフの概念を理解していないと上手く攻めることができません。例えば、【図1】の状況でマークオンの選手が裏でボールを受けようとすると、【図2】のようにスペースがなくなり、引いた相手を崩せなくなってしまいます。

【図1】　　　　　　　　　　　【図2】

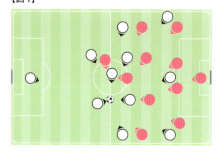

　もちろん、スコアや相手のメンタルによっても違うのですが、どうしても点を取らなければならない状況では、カオスの中でパスを繋ぐのは困難です。

　マークオンとマークオフの概念を理解していれば、【図3】のようにマークオンが相手を釣ってスペースを作ることでシュートコースが空き、シュートを打つことができるようになります。このように、引いた相手をこじ開ける時にも、マークオンとマークオフの概念は使えます。

　逆に、味方がスコアで上回っていてボールを支配したい場合や、次のトランジションで相手のカウンターを潰したい場合は、あえてマークオンのままゴール前に押し込み、相手を1列化させるというやり方もあります【図4】。

【図3】

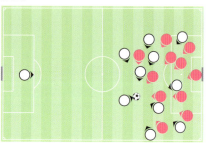

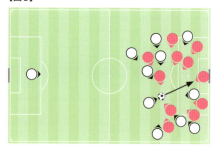

マークオンとマークオフの理論

　このようにマークオンとマークオフは、ビルドアップでもフィニッシュでも重要な概念です。相手のゴールをこじ開けるのはもちろんのこと、相手を押し込んで次の局面で有利な状況に立つという戦術理解そのものなのです。

【図4】

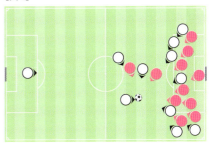

マークオンとマークオフで誰がフリーか分かる！

　マークオンとマークオフの概念が生み出すメリットのひとつして、**フリーの選手とフリーではない選手が明確化する**ということが挙げられます。

　例えば、マークオンとマークオフの概念がなければ、【図1】のように全員がボールをもらいに近付いてきてしまいます。これでは、もはや誰がフリーなのかが分かりません。

　一方、マークオンとマークオフの概念があれば、【図2】でⒸⒷがボールを受けて顔を上げた時、マークオンはそれぞれ相手を釣りながらそれぞれスペースを作り、チームスペースを最大化させます。

　ボールから離れていく選手は、言い換えれば「**私は今、マークオンです**」という合図なのです。「**マークオンだから、ボールはもらわないよ**」と言っているようなものです。

【図1】

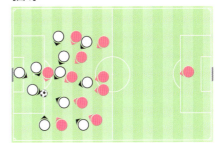

【図2】

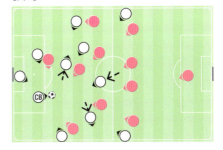

109

逆に、周りを確認した上で「私は今、マークオフです」という選手は、「マークオフだから、ボールをください」と近付いていきます。マークオンはバックステップでボールから離れ、マークオフのⒻⓌがボールをもらいにくれば誰がフリーであるかが明確になり、ⒸⒷは顔を上げた瞬間、どこにパスを出せばいいか判断できます。

また、マークオフとマークオンの概念は、相手陣形を判別できるという副次的な効果もあります。相手の陣形が4-2-3-1か4-4-2か迷う場合、【図3】のように相手がピボーテⓅをマークするならば、相手は4-2-3-1だと判断できます。この場合マークオンのピボーテⓅは、スペースを作る動きに徹します。

【図3】

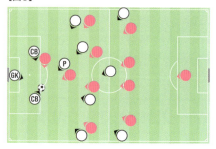

一方、相手の2人がⒸⒷをマークするならば、2トップだと判断できるので陣形は4-4-2になります【図4】。その場合、ⒸⒷはマークオンになるのでⒼⓀにボールを返し、ⒸⒷは2人とも左右に開いてスペースを作り【図5】、マークオフのピボーテⓅがⒼⓀからのボールを受けるようにします【図6】。

【図4】

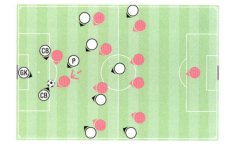

【図5】

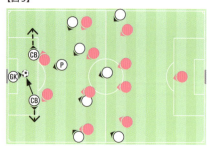

【図6】

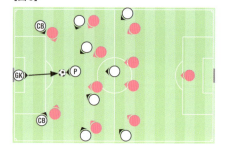

詳しくはP.199で陣形の判別方法を詳しく解説しますが、マークオンとマークオフのポジションを見ることによって、相手の陣形を逆算し、正確な答えを導き出すことが可能になります。

【マークオンとマークオフの理論　まとめ】
・マークオンはスペースを作り、マークオフはスペースを使う
・少しでも高い位置にいるフリーの味方にボールを預けるために繋ぐ
・自分がマークオンなのか、マークオフなのかを把握する
・人が入ってはいけない結界が近付いたらマークオンは離れる
・マークオンでシュートコースを作る
・マークオンで相手を押し込み、1列化させる
・マークオンとマークオフを見れば、誰がフリーか分かる

第1章　12の理論

ゾーンマークの理論

サッカーにはゾーンマークとマンマークがありますが、その2つしかありません。文字通りゾーンマークは場所に対する守備、マンマークは人に対する守備です。チームの特性や試合状況に応じて、「ゾーンマークの傾向が強い」「マンマークの傾向が強い」など、どちらかに完全に分けるということはありません。ゾーンマークは図形で考えると分かりやすくなります。ゾーンの形には「四角形」ベース、「三角形」ベース、「四角形」と「三角形」のミックスがあります。それぞれ守備側の陣形、つまりラインを構成する守備者の枚数によって形が変わってきます。攻撃側はゾーンの中心に選手を置くことで、ゾーンマークを崩すパスコースを発生させます。

ゾーンマーク（ゾーンディフェンス）とは

ゾーンマークとは、各ポジションの選手が**場所を守る**守備方法です。

一番分かりやすいのは **GK** で、守っているゾーンはゴールです。他のポジションの選手は、それぞれ担当するゾーンが決まっています。【図1】では **SB** と **SH** のゾーンを赤く塗っていますが、ゾーンが大きい選手もいれば小さい選手もいます。それは各選手の守備の積極性によって変わってきます。

例えば、ボールを持った **CB** が赤く塗った（積極性を示す）エリアの外では **SH** は出てこないが、もう一歩踏み込んだら出てくるということです【図2】。

【図1】

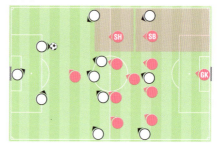

【図2】

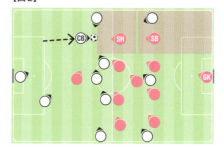

「マークオンとマークオフの理論」で登場した結界のようなもの（P.107）が、各選手にあると思ってください。そして、隣り合ったポジションでは結界が重なっている場所があります。そこにボールが入ると両方の選手が出てきます【図3】。これがゾーンマークの概念です。別の表現をすると、ボールにくっ付く磁石のようなものとも言えます。

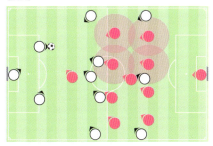

サッカーにはゾーンマークとマンマークがありますが、その2つしかありません。すべてのスポーツも守備方法は2つに集約されます。例えば、野球やバレーボールの守備はゾーンマークです。相手がどこに打ってくるか分からない状態でゾーンを守ります。野球やバレーボールで失点するケースは、どのような場合かを考えると分かりやすいと思います。守備者と守備者の間にボールが落ちれば野球ではヒット、バレーボールでは相手の得点、サッカーではピンチになります【図4】。

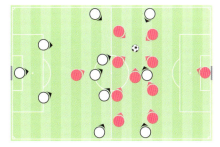

ゾーンマークのポイント

2つのチームがあった時、ゾーンマークにおけるそれぞれの守り方の違いを見るべきポイントは4つあります。

まず1つは「**形成速度**」です。守備が強いと言われるチームは、形成速度が非常に速いことが特徴です。プレスにいってそれが外された時、どれだけ早くブロックに戻れるかというスピードです。

2つ目に「**形成のロジック**」というものがあります。例えば、攻撃に出ている時、【図1】のように⓵がボールを奪われたとします。その時、【図2】のようにカバーリングできるかどうか。【図2】では⓴が下がってカバーリングをしていますが、これだけで質の高いゾーンブロックになり、守備における体力の温存ができます。これが形成のロジックです。

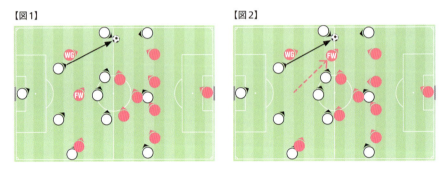

【図1】　【図2】

3つ目は「**密度**」です。【図3】でゾーンの隙間（白く塗られたエリア）にボールを落とされたらピンチになります。なので、【図4】のように密度を高くしてゾーンの隙間を狭くしておきます。ピッチは広いのですが、サイドチェンジされた場合でも密度を高くしたままスライドすればいいのです。

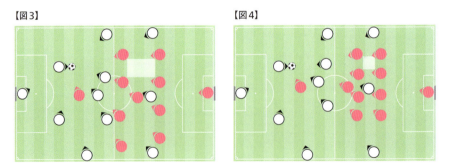

【図3】　【図4】

最後の4つ目は「**積極性**」です。積極性が増せば密度は低くなるのでトレードオフの関係になります。例えば、ゾーンの隙間に入れられたボールを攻撃側の偽9番⓴が受けたとします【図5】。守備側の積極性が高く、4人でプレスにいってしまうと他

のゾーンの密度が低くなって、攻撃側はスペースを利用できるようになります【図6】。

【図5】
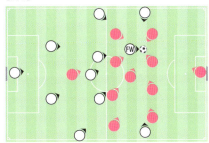

【図6】
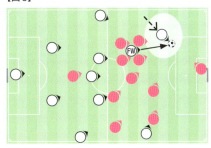

　形成速度、**形成のロジック**、**密度**、**積極性**の相関関係については、良し悪しの問題ではなく、チームの特徴です。4つのポイントを理解しながら相手チームを分析し、ゾーンマークへの対策を立てます。

ゾーン対策の間受け

　ゾーンマークを崩すために、呪文のように覚えて欲しい言葉があります。それは、「**ゾーン守備には間受け**」この一言です。【図1】でゾーンの隙間にボールが入った時、どのような現象が起きているのでしょうか。集団心理的な話になりますが、私は「**責任の分散**」という言葉で説明をしています。

【図1】

　上述した通り、野球やバレーボールでもよく見られるシーンですが、どちらの選手がボールを取るか迷って、結局選手の間にボールが落ちてしまう。責任の分散が発生した瞬間です。一般的に「お見合い」と呼ばれる現象です。これが、ゾーンを崩すための簡単な理屈になります。サッカーの場合、四角形のゾーンでは4人が関係し

てきます。4人のうち誰もがプレスにいけるのに、等しい距離にいるので誰もいかない。CBとしてはゴール前を空けるわけにはいかない。SBとしてはWGをマークしているのでいけない。中盤の2人としては自分のゾーンを通過されているので後ろの選手に任せたい……。という具合に4人全員がいかない場合もあれば、逆に積極性が高ければ4人全員がボールに集中する場合もあります。先ほど挙げた4つのゾーンマークの特徴をもとに、相手チームの特徴を見極めながら対策を立てるのです。

例えば、相手が4-4-2の場合は3列構造になっています。「ゾーン守備には間受け」という言葉に従えば、攻めるべきポイントは【図2】で白く塗った「間」になります。ここに選手を配置して、パスを入れることが崩しに繋がります。しかし、【図2】ではピボーテ(P)はフリーですが、(CB)からパスを入れるのは(FW)がいるため、難しい状況です。

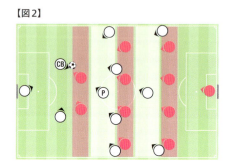

【図2】

4-4-2の「間」にいるフリーの選手には、横からパスを入れたい。そこで取るべき理想的な陣形（フォーメーション）は【図3】のような3-4-3ダイヤになります。陣形におけるポジションは、立ち位置が厳密に決まっています。3-4-3ダイヤでは、(FW)と(WG)は相手のDFライン、中盤の2人は相手のMFラインに入っていなければなりません。そして(CB)がラインの「間」に入った時、横パスが出せます【図4】。

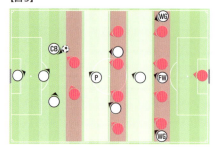

【図3】

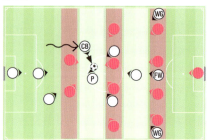

【図4】

もうひとつの「間」はどうすればいいかと言うと、WGがライン間に下りてボールを受け、横パスを出します【図5】。

このように「ゾーンは図形」と考えます。図形には必ず「間」があります。3ラインで守っていれば2つの「間」ができ、その「間」にどのようなルートでボールを入れるか、ということを考えます。

ここまでゾーンを横のラインで見ていましたが、縦のレーンで見ると【図6】のようになります。ここでも正しい立ち位置は5レーン、つまり相手ゾーンの「間」となる位置になっていることが分かります。この立ち位置によって、パスやドリブルの位置が明確に見えてきます。

しかし、相手が4-4-2から変形した4-1-4-1だった場合はどうなるでしょうか？【図7】のように中央のレーンは堅くなり、狙うことは難しくなります。

4-4-2はバランス良く守れる陣形ですが、弱点となる「間」もピッチ全体に発生します。一方の4-1-4-1は中央が強い。なので、狙うべきはサイドということになります。

【図5】
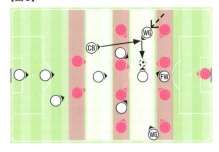

【図6】
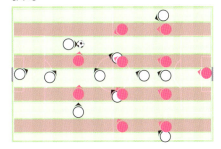

【図7】
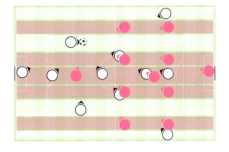

このように横のラインや縦のレーンで考えることにより、どのような立ち位置を取ればいいか、どのようにボールを運んだら良いかということが分かり、ゾーンを崩すための理想的なボールの経路が見えてくるのです。

四角形のゾーンではボールを直角に進める

ゾーンには「**四角形**」ベース、「**三角形**」ベース、「**四角形**」と「**三角形**」のミックスがあります。

四角形は守備側にとってはリスクが多い形です。なぜかと言えば、**パスの出入り口が4箇所ある**からです【図1】。四角形の中心に攻撃側の選手がいれば、ボールの経路を直角に変えることができます。4-4-2では4つの四角形ができますので、攻撃側としては四角形の中心に1人ずつ置けばいいのです。

次に、四角形のゾーンに対する**ボールの経路**を見てみます【図2】。例えば、レフトCBがボールを持っていたとすると、選択肢は前後左右の4方向あります。ここでは、前→右→前→右→前と直角に曲がりながら前進したとします。この縦→横→縦→横→縦が、理想的なボールの経路なのです。なので、4-4-2に対しては、この経路に選手を配置することが必要になります。

実際に選手を配置してみると【図3】のようになります。ボールの理想的な経路は相手の陣形によって見えてきて、理想的な**パスの角度**も相手の陣形によって見えてきます。その結果、誰がどこにいればいいかが見えてくるのです。

【図1】

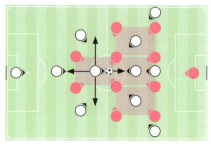

【図2】

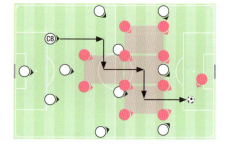

【図3】

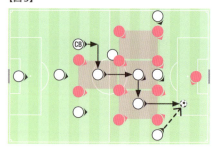

三角形のゾーンではボールを斜めに進める

次は三角形ベースへの対策を説明します。ラインを構成する守備者の数を見た時に、奇数偶数が交互になるようなフォーメーションの場合、ゾーンが三角形になります。例えば5-4-1の赤チームに対して、白チームは三角形の「間」に1人ずつ配置したとします。攻めている時（白く塗った部分）は5バックに対して7枚ですので破壊力はあります。しかし、ボールを奪われた時（赤く塗った部分）は相手が5枚いるのに対し、味方は3枚しかいませんのでアンバランスで圧倒的に不利になってしまいます【図1】。では、どうすればいいのでしょうか？

【図1】

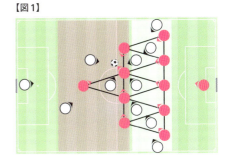

三角形ではパスのコースが3方向しかありません。四角形では4方向あったので1つの四角形に対して1人を割いても良かったのですが、3方向しか選択肢がないところに1人を割くのは非効率です。しかも4-4-2では四角形が4つでしたが、5-4-1では三角形が8つもあります。人数的にもすべての三角形の中心に人を割くことはできません。

そこで、三角形を図形として考えてみましょう。すると答えは見えてきます。三角形は2つ合わせれば四角形になります。なので、三角形の1辺を消して平行四辺形として考えればいいのです。平行四辺形も四角形のひとつですので、この平行四辺形の中心に人を置けばパスのコースは4つになります。これで人数的にも5対5でバランスが良くなります【図2】。

【図2】

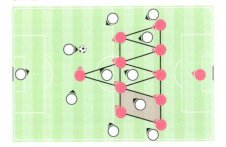

ボールのルートはどうなるかと言うと、ゲートが斜めになる位置に関してはパスも斜めになります。相手が4-4-2の時と同じように前→右→前→右→前という経路でパスを繋いだ場合、垂直な縦パス以外は、斜めのパスになります。このように三角形ベースにおいても、四角形（平行四辺形）として捉えて、その中心に立ち位置を取るようにします【図3】。ただし、三角形ベースが相手だと守備側の最終ラインを破るパスやドリブルは斜めになりますので、どうしても手数がかかってしまいます。

【図3】

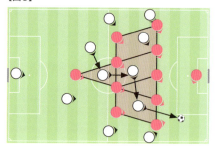

なお、【図3】では中央に三角形が1つ残っていましたが、これは状況に応じて【図4】のように三角形の辺を消す位

【図4】

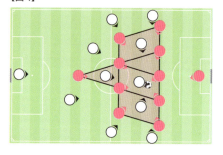

置を変えるように立ち位置を変えれば、その部分が四角形（平行四辺形）になります。このように、常に四角形を意識します。

相手の陣形を見破れなければ、四角形も三角形も見えないので、その中心に立ち位置を取ることができません。そのために、**相手の陣形を正しく判断することが重要**になってきます。

三角形の反転でゾーンマークを破壊する

最後に、ゾーンマークを崩す攻撃側の方法として「三角形の反転」について説明します。【図1】は WG が SB とポジションチェンジをして、サイドの低めのポジションに位置を取っている状況です。これはメッシがよく取っていたポジションです。偽9

番のポジションにいたメッシが、サイドの低い位置にポジションチェンジした場合、ゾーンマークの場合はマークの受け渡しをするので、対峙する相手はCBのように守備能力は高くありません。なおかつ、2人以上のマークが付きにくい位置でもあります。メッシのようなクラックにとっては質的有利を活かし、安心してボールを持つことができる位置です。

【図1】

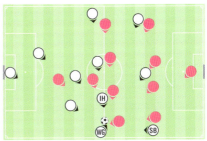

　ここでⓦ、ⓘ、ⓢの関係を三角形で表してみます。ⓦはⓢにボールを出したらマーカーをかわし、ワンツーでパスを受けます【図2】。トップⓕがサイドに流れてスペースを空ければ、矢印の方向に加速した状態でシュートに持ち込むことができます【図3】。この矢印に合わせて発生する動きが**三角形の反転**です。

【図2】

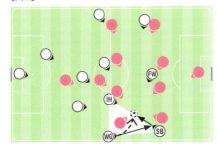

【図3】

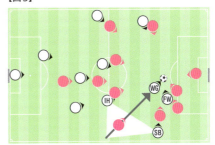

　三角形の反転で重要なのは矢印の方向です。ゴールとは逆の向きであっても、【図4】のような矢印はプレスバックを外す場合などはあるかもしれません。

　しかし、矢印の向かう先がピッチの外になるのは感心しません。サイドでボールを保持して数的有利を活かすという意

【図4】

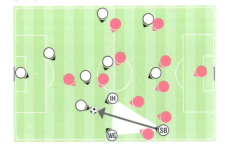

図があればあり得ますが、崩しの場面では論外です【図5】。

　矢印に合わせて三角形を反転させると、四角形になります。つまり三角形の反転とは、四角形の頂点から対角線の頂点に向かう、という動きなのです【図6】。

【図5】
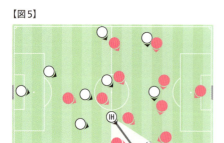

【図6】
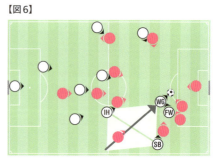

　この時、相手の守備者はボールとゴールを結んだ直線上を守っているので、抜く方法は縦を抜くか中に抜けるかの2択になります。

　先ほどは縦に抜けてワンツーをもらうパターンを説明したので、今度は中に抜けるパターンを説明します。WGが中から抜こうとしたら相手が食い付いてきたとします【図7】。WGは抜ききれなくてもIHにパスを出し、食い付いた相手の裏を取って矢印の方向に走り出してIHからのワンツーパスを受けます【図8】。

【図7】

【図8】
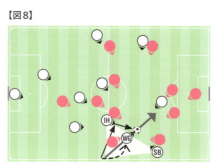

　このように三角形の反転の概念があって、周りの選手も理解していれば、ドリブルで1対1を作りながらも、パスで逃がして抜けていくことができるのです。守備者はゾーンマークの概念があるので、しつこく追いかけることができません。その上、加速し

た状態で矢印の方向に進むので、守備者は止めるのが難しくなります。

　そして、三角形の反転はゾーンマークに対して質的有利を強調して崩す方法だということです。ゾーンマークではマークの受け渡しが行われることを利用し、質的有利を持った選手を守備能力の低い相手に対峙させること。さらに、質的有利を持った選手を三角形の頂点に配置し、他の2人はワンツーパスの相手として使われる側に徹することで最大の効果を発揮できます。

　なお、守備側が三角形の反転に対して守る方法としては、マンマークでボールではなくワンツーを受ける選手の方向に体を入れることです。なので、マンマークの傾向が強い守備に対して三角形の反転は効果的ではありません。三角形の反転はゾーンマーク対策に有効であって、マンマーク対策には3人が連動してポジションチェンジを行う「三角形の回転」（P.130）が有効になります。

【ゾーンマークの理論　まとめ】
・ゾーンの範囲は守備者によって変わる
・見るべきポイントは形成速度、形成のロジック、密度、積極性
・ゾーン守備を崩すには間受け
・相手の陣形によって間は変わってくる
・四角形ベースではボールが直角に進む
・三角形ベースのゾーンではボールが斜めに進む
・ゾーンマークを崩す「三角形の反転」

第1章　12の理論

マンマークの理論

攻撃側がマンマークを崩すための戦術としては、選手の質で崩すアイソレーションや追従の特性を活かして動きで崩すポジションチェンジがあります。ポジションチェンジにはスイッチ、オーバーラップ、トップ流れと中盤の飛び出しなどが含まれますが、これらはいずれもマンツーマンを崩すために有効です。その中でも、マークオンでスペースを作って、瞬間的にマークオフがスペースを利用する「渦」は最も効率化されたポジションチェンジであり、マンマークを崩すための最適解と言えるでしょう。なお、「三角形の回転」も渦の一種であり、マンマーク対策には非常に有効な手段です。

マンマーク（マンツーマンディフェンス）とは

　ゾーンマークは場所を守る守備方法と説明しましたが、マンマークは「人を守る」守備方法です。ゾーンマークよりも本能的な守り方になり、サッカーが誕生した当時はマンマークだったと思われます。子供のサッカーはボールに群がる「お団子サッカー」と言われますが、これもボールホルダーに全員が付いていくマンマークと言えます。

　ゾーンマークを他の競技に例えると野球やバレーボールでしたが、マンマークの傾向が強いのはバスケットボールです。もっと言うと、ボールは持っていませんが格闘技もマンマークです。つまり、マンマークにおいては、「相手を出し抜く」ということが重要になってきます。

　相手チームのゾーンマークの特徴を見る上では4つのポイントがありましたが、マンマークで見るポイントも4つあります。

　まず、1つ目は「質」です。質とは何かと言うと、11人で構成されている選手それぞれの質になります。背が高い、足が速い、体が強い、技術が上手いなど、人としてのスペック、つまり質がポイントになります。

　2つ目は相手との「距離」です。攻撃側がボールを受ける時、マークする守備者の距離が遠ければファーストコントロールを許してしまいます。逆に、距離が近けれ

ばかわされて裏を取られてしまいます。そのために、ディフェンスの最終ラインのように一発で抜かれると危険な場所では保険をかける意味でも距離を広げ、前線でハイプレスするような場所では距離を縮めるという考えになります【図1】。

【図1】

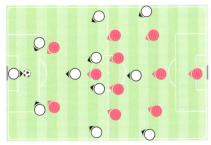

3つ目のポイントは、「**受け渡し**」があるかどうか、ということです。極端な例ですが、【図2】のように攻撃側のFWが思い切り下りていった時にCBがそのままマークに付いていくのか、【図3】のように中盤の選手にFWのマークを受け渡すのか、受け渡す場合の位置やポジションなどを見ます。

【図2】

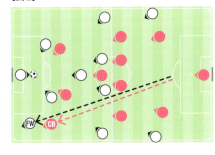

【図3】

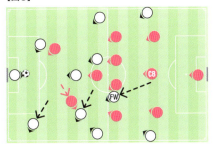

4つ目のポイントは、マンマークが「**ハーフコート**」か「**オールコート**」か、ということです。ただ、実際のサッカーでオールコートでマンマークを遂行するチームはほとんどなく、主要な選手をマンマークしつつ自陣やゴール前ではゾーンマークという、セーフティなハーフコートのマンマークが一般的です。

オールコートをボールの位置による概念と考えるのではなく、全ポジションに対するマンマークと定義する人もいます。しかし、その場合の対義語は「数名の選手をマークしないゾーンマーク」ということになり、ハーフコートのマンマークという概念の存在意味はなくなります。**相手の主要プレーヤーに対するマンマークを含めたゾーンマークとオールコートでのマンマークで区分けするべきだと私は考えています。**

マンマークを質で崩すアイソレーション

マンマークへの対策を考える上で、先述したバスケットボールを再び例に挙げて考えてみます。バスケットボールの特徴は、1対1とトランジションの多さです。パスフェイクなどで1対1を抜いて3ポイントを決めたり、速攻を仕掛けて無人のゴールにシュートを決めたりするシーンをよく見かけます。1対1における騙し合いを制するかどうかが鍵なのですが、同様にサッカーにおけるマンマーク対策も、**1対1、トランジション、騙し合い**というキーワードを頭に置いておいてください。

1対1というキーワードについて、サッカーにおいて有効な方法は「**質で崩す**」ことです。そして、質を強調して崩すために最も有効な戦術は**アイソレーション**です。質的有利を持った選手が広いスペースを使えるように、攻撃側の他の選手はマンマークに付く相手を釣っておくのです【図1】。

【図1】

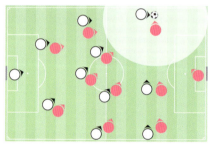

アイソレーションを作ってしまえば、ボールを受ける時にファーストコントロールで守備者をはがすことができます。守備者はそれを警戒して距離を詰められなくなります。その結果、アイソレーションで時間を使うことができ、その時間を利用して攻撃側は押し込むことができます。戦術を考える上で重要なことは「相手の気持ちを考える」ことです。マンマークしてくる守備者の心理には「早く奪いたい」という気持ちがあります。アイソレーションの状況で時間をかけてボールを持つだけでも、守備者のマンマークを揺さぶることになるのです。

マンマークを動きで崩すポジションチェンジ

動きで崩す方法を説明する上で、再度バスケットボールの話をします。バスケット

ボールで得点が入った直後、失点した側はゴールラインからボールを持って再開します。この時、相手が気を抜いていた場合に間髪入れず一気に速攻を仕掛けるトランジションは、まさに「**動きでマンマークを崩す**」方法だと言えます。

サッカーの場合、動きで崩す典型的な方法は**ポジションチェンジ**です。【図1】で⒮⒝と⒤⒣がポジションチェンジした場合、相手は付いてくるか、マークを受け渡します。マークに付いてくる場合はどのように移動するのか迷うし、受け渡す場合にはタイムラグが発生して瞬間的に攻撃側がフリーの状態になります。

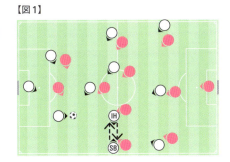
【図1】

マンマークは人に付いていくことが基本なので、攻撃側の動きは事前には分かりません。あくまでも動きに追従するのみですので、攻撃側の動きよりも遅れます。マンマークを行う守備者には「早く奪いたい」という気持ちがありますので、遅れないように距離を詰めていけば攻撃側は出し抜くチャンスが生まれます。このようにポジションチェンジによって守備側を混乱させることが、動きによってのマンマークを崩す方法のひとつになります。

ポジションチェンジのバリエーション

ボールを持った状態でのポジションチェンジは「**スイッチ**」と呼ばれます。このスイッチも、動きによってマンマークを崩すひとつの方法です。マンマークをする守備者はボールとゴールを結んだ直線上に立ち位置を取ります。そのため、【図1】ではボールを持った⒮⒝は

【図1】

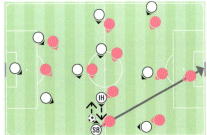

ボールを横に運ぶことができます。ここで⑭が入れ替わるようにサイドへ動くとスクリーンが発生し、守備者は⑭にブロックされて⑤を捕まえることができません。このスイッチの動きによって、⑤はフリーの状態でボールを持つことができます【図2】。また、⑩がボールを持っている状態で⑤が上がっていく動きは「オーバーラップ」と呼ばれますが、現象としてはスイッチと同じです。

4-2-3-1でトップ⑲とトップ下⑭がいる場合、トップ⑲がサイドに**トップ流れ**してトップ下⑭が**中盤の飛び出し**をすることがあります。ここでも相手守備者は追従するしかありません【図3】。

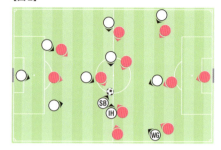

【図2】

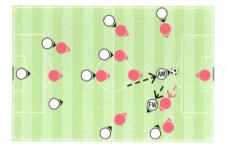

【図3】

スイッチ、オーバーラップ、トップ流れと中盤の飛び出しは、いずれも大きな意味ではポジションチェンジになります。このようにサッカーにはポジションチェンジの型があって、その進化形とも言えるポジションチェンジが「渦」という考え方になります。

渦でマンマークを破壊する

「渦の理論」のページでも説明しましたが、渦を使ったマンマークに対する攻略法について改めて説明します。

⑭がボールを持っている時、⑬が相手マークを引き連れて上がると【図1】のようにスペースができます。ここへ⑤

【図1】

が入ろうと動くと相手も追従します。しかし、(GK)がキックフェイントを入れると相手は(GK)を注視してしまい、(SB)の動きに一瞬付いていけなくなります。付いていけたとしても、【図2】のように(SB)がいた位置にスペースができます。

【図2】

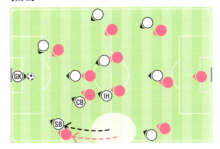

今度は(IH)がそのスペースを狙います。(GK)が(SB)に出そうとキックフェイントを入れて注意を引き付けたり、(IH)が相手の裏を回って走り込んだりすると、相手の動き出しは一瞬遅れます。その瞬間、(IH)はスペースに走り込むことで(GK)からのパスを受けることができます【図3】。

【図3】

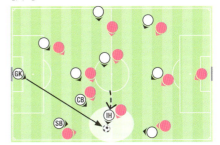

【図3】では(GK)から(IH)へパスが通りましたが、(SB)が下がった時に相手が遅れた場合は瞬間的にずれができ、(SB)は(GK)からのパスをワンタッチならば受けられる——この状態を私は「**51%のボール**」という言葉で表現しています。五分五分ではなく「触れる」というボールの場合、ワンタッチで触って自分がいたスペースに流し込めば(IH)が受けられます【図4】。そして、ボールを受けた(IH)も自分がいたスペースにボールを流し込めば(CB)が受けられます。

【図4】

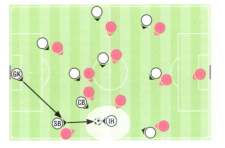

スペースの発生と活用、マークオンでのスペース作り、瞬間的にマークオフがスペースを利用——このように渦の動きは、複数の選手がお互いを補填し合うマンマーク攻略法なのです。

動きのベクトルに注目しましょう。ポジションチェンジで向かい合う直線的な動きでは、スイッチした⑤⑧からボールを受けた⑭は外側を向いているのでボールの出し先がありません【図5】。これが渦になれば動きのベクトルは直線ではなくカーブを描きます。そうすればお互いがお互いのスペースを使い合うことが可能になります【図6】。

【図5】

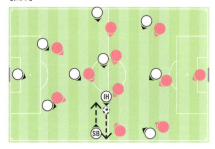

【図6】

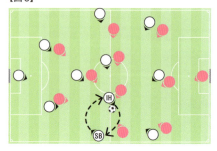

【図5】では極端に直線の動きを強調しましたが、厳密にはスイッチも【図7】のようにカーブを描いた小さな渦を作っています。スイッチを含めたポジションチェンジの型も、最効率化を極めていけば渦の動きになるのです。

【図7】

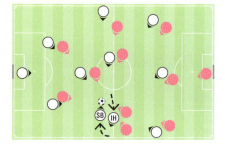

三角形の回転でマンマークを破壊する

先述した「三角形の反転」はゾーンマークを崩す攻撃方法でしたが、マンマークを崩す方法は「三角形の回転」になります。

【図1】は、守備側がゾーンマークでありながらマンマークの傾向が強いという

【図1】

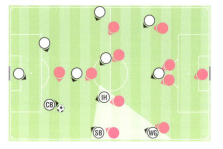

マンマークの理論

守り方になっています。特に攻撃側右サイドの (WG)、 (IH)、 (SB) はしっかりとマンマークされている状況です。ここでIHが渦の動きを発動すると、元々いた場所にスペースができます【図2】。

連動して (SB) がそのスペースに入れば、 (SB) がいた場所にスペースができます【図3】。ここで (WG) が (SB) がいた場所に入れば、 (WG) がいた場所にスペースができます【図4】。そのスペースに (IH) が入れば、 (IH) がいた場所にスペースができる、というように三角形の回転が永続的に続き、 (SB) の裏抜けに対して (CB) からのパスが通るという形ができます【図5】。

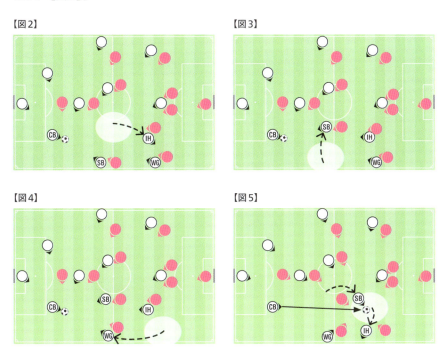

【図2】【図3】【図4】【図5】

このように三角形の回転は渦と言えるし、渦は三角形の回転とも言えます。三角形の回転はマンマークの傾向が強い守備に対し、非常に効果がある攻撃方法なのです。

131

第1章　12の理論

【マンマークの理論　まとめ】
・マンマークでは相手を出し抜くことが重要
・見るべきポイントは質、距離、受け渡しの有無、ハーフコートかオールコートか
・アイソレーションはマンマークを質で崩す
・ポジションチェンジはマンマークを動きで崩す
・スイッチ、オーバーラップ、トップ流れと中盤の飛び出しもマンマーク対策
・マンマークを崩す渦
・マンマークを崩す三角形の回転

守備の概念図

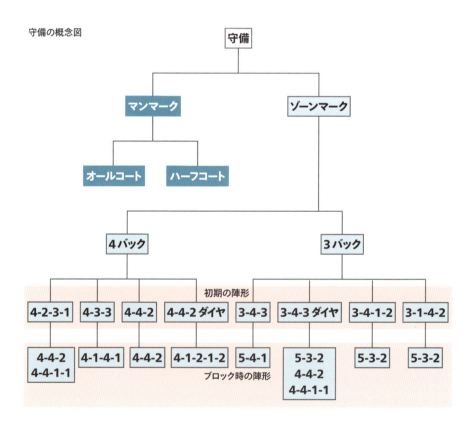

変形の理論

変形とは、攻撃時または守備時においてスタート時の陣形を変形することです。1対1の個の勝負では不利な状況であっても、変形して数的有利を作ることで打開できます。変形を行うことは簡単なことではありません。マークオンとマークオフを理解し、最短距離でポジションを移動することで無駄な体力と時間をかけずに変形することが重要です。また、変形のポイントとしてタイミングと重心を加味した移動経路も重要になります。変形の型はスタート時の陣形と相手の陣形との組み合わせによって無数のパターンがありますが、ここでは4-4-2の相手に対してどのような変形が有効なのか、いくつかの例を挙げながら解説します。

何のために変形をするのか

変形の考え方を説明する上で、相手が4-4-2、味方も同じく4-4-2の陣形でミラーゲームだったケースを例に挙げます【図1】。

味方が攻撃する時はSBが高い位置に上がりますが、ミラーゲームではGKを除くすべてのポジションで相手とマンマーク気味で対峙することになります【図2】。

こうなってしまうと、個の能力やその時の調子、運や1対1の駆け引きに左右されてしまい、戦術の利を活かしにくくなってしまいます。このミラーゲームの状況から陣形を変形できたら、戦術

【図1】

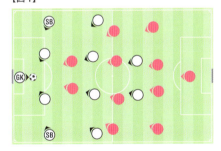

【図2】

の利を活かすことができるようになります。4-4-2に対する最適解は3-4-3ですので、変形の効果を見てみましょう。

まず、味方の最終ラインに注目すると、3対2になります。相手の得点源となる2トップ(FW)に対する数的有利を作ることで、失点のリスクを減らせます。中盤でも3対2の数的有利、前線では4対4の同数ではありますが、1トップの(FW)が相手(CB)の2人を引き付けることでトップ下(FW)がフリーになります【図3】。

【図3】

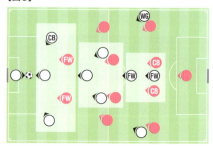

相手の守備がゾーンマークであれば、相手の四角形の中心にフリーの選手を1人ずつ置いて間受けすることができます。さらにDFラインにもフリーの選手がいて、MFラインにもフリーの選手が3人いる状況になるのです。数的有利を活かして、サイドに開いた(CB)がドリブルで上がって間受けの選手に横パスを入れたり【図4】、(WG)が下りることでも間受けしているトップ下(FW)に横パスを入れたりできます【図5】。フィニッシュにおいても、トップのサイド流れ→中盤の飛び出しも可能です。

【図4】

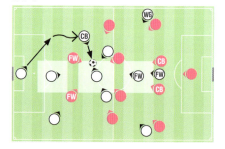

【図5】

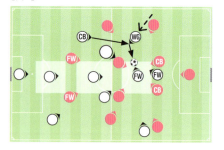

このように変形することによって、戦術的な恩恵を大きく受けることができます。何のために変形するのか、という問いへの答えはここにあります。変形は、不利な状況または五分五分の状況を打開する戦術だということです。

変形の理論

変形でもマークオンとマークオフは最重要

　ただ、変形をするということは簡単なことではありません。先ほどの4-4-2から3-4-3への変形のプロセスを追ってみます。例えば、CHがCBの間に下りて3バックにします。しかし、CHがマークオンのまま下りると相手も3トップになってしまい、相手のプレッシャーが強まってGKもパスを出すコースがなくなってしまいます【図1】。

　この現象は、CH以外のポジション、例えばSBがDFラインに下りたとしても同じ状況になります。**マークオンが下りるということが問題なのです。**

　では、どうすればいいのか？　答えは、陣形を4-4-2ではなく、4-3-3に変形させることです。【図2】では最初からピボーテPがフリーの状態ですので、マークオフで最終ラインに下りて3-4-3への変形が可能になります。

　4-4-2から変形する場合は、相手の守備の意識によって対応が変わります。例えば、相手がゾーンマークの意識が強ければ、中盤から最終ラインに下りても付いてくることはありません。マークオフで下りて、3バックを形成することが可能です【図3】。

　または、トップの選手が中盤に下りて、相手がマークの受け渡しをしたところで、中盤の選手が下りることもできます。た

【図1】
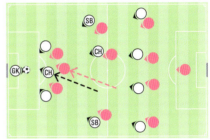

【図2】
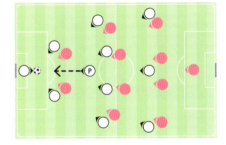

【図3】
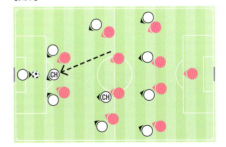

135

第1章　12の理論

だ、マークオフだからといってトップの選手が最終ラインまで下りることはしません。移動距離が長くなれば体力を削られる上、その時間を稼ぐためにパス回しをしなければなりません。変形する場合は、**最短距離で移動できる選手が動くべき**です。

一方、相手がマンマークの傾向が強い場合は4-4-2からの変形は難しくなります。その場合は無理して変形しようとせず、マークオンで釣って、できたスペースにパスを通すなど、別の戦術で対応します【図4】。変形は、相手がゾーンマークの時に可能になる戦術なのです。

【図4】

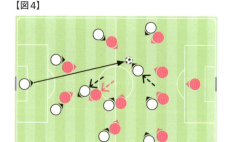

変形のタイミング

変形はタイミングも重要です。4-3-3でライトCBがボールを持っている状況で、ピボーテPが最終ラインに下りるとします。相手FWはボールとピボーテPを視野に入れているので、動きに反応することができます【図1】。

ボールを持っていたライトCBからGKにパスが渡った瞬間、ピボーテPは相手2トップFWの視野から外れる死角に入ります。このタイミングでピボーテPはGKからのパスを受けることができます。パスを受けたピボーテPは、左右どちらかのCBに横パスを出せます【図2】。

【図1】

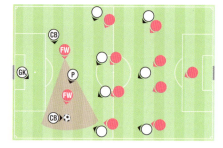

【図2】

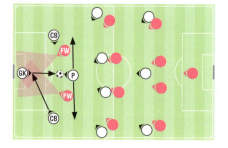

変形の理論

これは、重心とボールの経路という2つのポイントがかみ合ったパスコースになります。相手2トップ(FW)の死角にいるピボーテ(P)がパスを受けた時、相手2トップ(FW)の重心はピボーテ(P)に向かいます。ピボーテ(P)は(CB)にワンタッチパスを出した瞬間に下りれば、逆重心を利用してフリーになることができるからです。相手2トップ(FW)は、パスが渡った時はピボーテ(P)を視野に入れていますが、逆重心になっているために追いつくことができません【図3】。

【図3】

このように変形のタイミングは重心とボールの経路によって決まります。例えば、(GK)からのパスを受けたピボーテ(P)がボールを保持したまま下りる変形のパターンもあります。この場合も相手2トップ(FW)は逆重心になっていますので、ピボーテ(P)は左右の(CB)にパスを出せます【図4】。なお、相手の中盤の選手は(IH)が釣っているので、ピボーテ(P)はフリーでパスを受けて下りることが可能になっています。相手(FW)はピボーテ(P)に引き付けられた分、(CB)への寄せは遅くなります。

【図4】

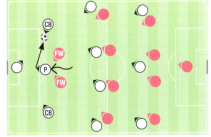

重心を加味した移動経路

前項を受けながら、変形のロジックについて解説します。(GK)からのパスを受けたピボーテ(P)が(CB)へ横パスを出すパターンと、ピボーテ(P)がボールを保持したまま下りるパターンを紹介しましたが、どちらのパターンもピボーテ(P)が相手2トップ(FW)のゲートを越えた瞬間に、他のポジションの選手も変形を開始します。

137

SBは相手SHの動きを止めながら中に入り、2人のIHは中央で縦関係を作るように移動します【図1】。

この時、フリーになった相手SHがCBへプレスにいくならば、CBからSBへのパスを通すことができます。こうなれば逆サイドのSBへ簡単にパスが通ります【図2】。ただし、実際の試合では相手の中盤CHはゾーンマークの意識がありますので、【図3】のように中央に絞ったSBに対応するような位置を取ります。

【図1】

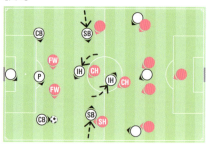

【図2】

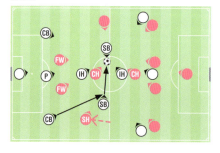

【図3】

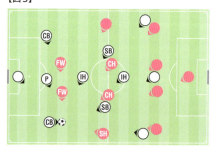

ボールを持ったCBに対して相手SHがプレスにいかず、中央に絞るSBに釣られた場合はサイドにスペースができます。そうなればCBは顔を上げながら持ち上がることができます【図4】。FWが相手を釣りながらサイドに流れてIHが中盤から飛び出せ

【図4】

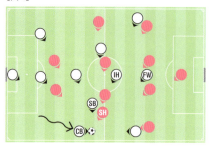

【図5】

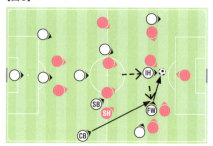

ば、CBからのスルーパス、または FWからのフリックを受けられます【図5】。

　繰り返しになりますが、ピボーテPがDFラインに入るだけでなく、同時に他のポジションの選手も動くことで変形が成立します。難しいことですが、変形が成功したならば、どのような相手に対しても最適な攻撃を仕掛けることが可能になるのです。

　もちろん、ゴールキックやスローインなどのリスタートで変形しても構いません。しかし、流れの中で変形することによる大きなメリットがあります。例えば変形した結果、GKからピボーテPにパスが通り【図6】、ピボーテP→CBからのダイレクトパスを間受けの位置（元々ピボーテPがいた位置）に入ったIHが受ければ、人が入れ替わることで相手は混乱します【図7】。もう1人のIHが縦関係を作れば、さらにダイレクトパスを繋いで、フィニッシュに繋げることができます。しかも、ボールが来た方向に対するダイレクトパスなのでボールがリズム良く回り、相手はノッキングを起こして寄せが遅くなります。したがって、プレーの安定性が高まります。

【図6】

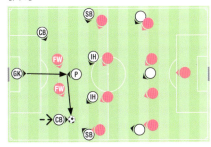

【図7】

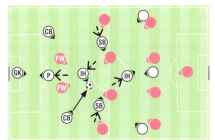

　【図8】のように、間受けの位置にボールサイドのIHが入ってしまうと、CBからのダイレクトパスを後ろから受けることになるので対応が難しくなります。変形を最適解に導くためには、11人全員が変形のタイミングと、重心を加味したボールの移動経路を理解している必要があるのです。

【図8】

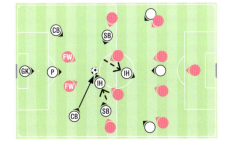

第1章　12の理論

パーソナリティによる変形の選択

変形の歴史をたどると、前項で紹介した4-3-3からピボーテ **P** がDFラインに下りるパターンと、【図1】のように片方の **SB** がDFラインに下りてスライド式の3バックを作るパターンの2つがあります。逆サイドの **SB** はWGの位置まで上がり、**WG** がトップに入って、**FW** はトップ下に下がるという変形になります。

【図1】
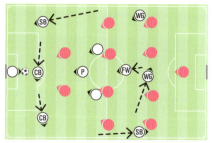

近年増えているのは4-2-3-1で試合をスタートし【図2】、ボランチ **DM** の1人が最終ラインに下りて、もう1人のボランチ **DM** は中央で縦関係を作るパターンです。この時、**SB** は中央に絞らないので上がることができます。その結果、**CB** の目の前にはスペースができるので、顔を上げてボールを運べます【図3】。

【図2】
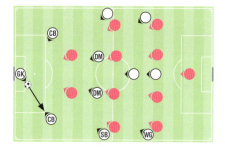

【図3】
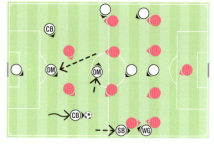

フリーになった相手の中盤 **SH** がプレスにこようと動き始めたとしても、ゾーンマークの間受けの位置（四角形の中心）に **WG** が入れば、**CB** からパスを通すことができます【図4】。このように変形には無数の型があります。

【図4】
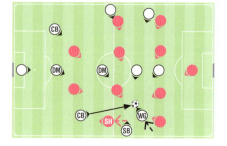

重要なことは、変形したことで場所を移動した選手に、そのポジションの適性があるかどうか、ということです。【図3】のパターンでは、(SB)がサイドを駆け上がる役割なので適性通りですが、中央に絞る場合は中盤の選手としての動きを求められます。また、DFラインに下りるピボーテ(P)や(SB)についても、ディフェンダーとしての適性が問われます。このように適材適所であるかどうかは、個々の選手のパーソナリティによって変わってくるので、チームとして最適な変形を選択する必要があります。

守備時における変形①

守備においても適切な変形の型があります。例えば、【図1】のような4-3-3のチームが守備に回った時は、両(SB)が下りて4バックを形成し、両(WG)も下りることで4-1-4-1の陣形を作ります【図2】。

【図1】　【図2】

では、【図3】のように、攻撃時に変形して3-4-3を作っていた状態でトランジションが発生したらどうなるでしょうか？ 相手陣内でボールを失ったのであれば、プレスにいくためにや(CB)とや(SB)は相手に対して寄せていきます。この時、相手の両(SH)はフリーになっているので、

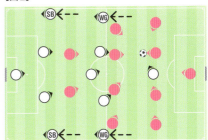

【図3】

サイドを攻め上がってくる可能性が高くなります。相手 (SH) に対して (SB) をサイドに戻す方法もありますが、早い段階で (SH) にボールが渡ってしまった場合は、(SB) は後退守備になってしまうので対応は難しくなり、確実にクロスを上げられてしまいます。

私の考える最適解は、(WG) に対応させることです。なぜならば、3-4-3に変形した結果、(SB) のオーバーラップがなくなり、(WG) がサイドに張ったままで体力を温存できるからです。その分、トランジションの際に温存した体力を活かせます【図4】。

【図4】

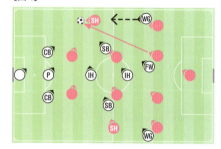

ボールを奪われてから (WG) がすぐに対応しても間に合わなかった場合はどうすればいいでしょうか？ まずは (CB) がスライドして相手 (SH) に対応し、中央のスイーパーを務めていたピボーテ (P) が相手 (FW) に対応して、間受けの位置にいた (IH) がスイーパーの位置に下ります。こうすることでDFラインは数的有利を維持しつつ、(WG) も連動して守ることができます【図5】。

【図5】

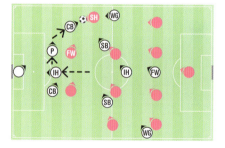

このように守備においても変形しておいた方が有利だと言えます。4-3-3で変形せずにトランジションが発生した場合、各所で1対1の状況になってしまい、抜かれてしまうと一気にピンチになってしまいます【図6】。

【図6】

守備時における変形②

もう少し、守備における変形について解説します。4-3-3から3-4-3に変形して攻撃していた時にトランジションが発生し、相手が GK にボールを戻したとします【図1】。

【図1】

私の理論では、このケースでもすぐに両 WG を下げるようにします。そして、1トップ FW とトップ下に位置していた IH が2トップを形成して並列の状態を作り、相手 CB を抑えます。相手 SB はフリーになりますが、そのまま残します。このように、あえてフリーの状態を作ることで相手 GK は SB にパスを出すことになります。つまり、「**誘導型プレス**」の状態を作るのです【図2】。

【図2】

そして、相手 GK から SB にパスが出たところで WG が SB に寄せ切るようにプレスアップします。相手 SH を背中で消すカバーシャドウと違って、完全に寄せ切ることが重要です【図3】。

この時、中に絞った SB がプレスにいってしまうと、相手 SH と SB と縦関係ではないため、相手 SB にドリブルやパスコースを与えてしまいます。そのため、SB は

【図3】

相手のワンツーパスを成功させないように、厳しく相手 CH をマークしておく必要があります。

万が一、相手がワンツーパスなどを成功させ、サイドを上がった相手 SH にボールが渡ったならば、 CB とピボーテ P がスライドし、 IH が下りて最終ラインの数的有利を保ったまま対応します【図4】。

相手 SB が逆サイドの SB にロングパスを使ってサイドチェンジしたならば、ボールが移動している長い滞空時間を活かして WG は相手 SB の前のコースを消しながらプレスアップします。これも誘導型プレスです。この時、ライト WG は相手 SH へのマークに戻っておきます【図5】。

相手がボールを繋ぎにくい SB だけがフリーになるように仕向ける例を挙げましたが、このように守備でも変形によって有利な形を作ることができます。

【図4】
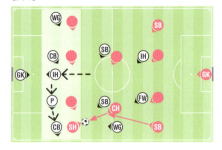

【図5】
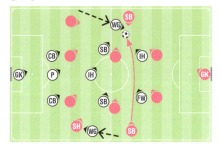

変形を重視するかはチームの方針による

前項のように、守備時でも変形して相手 SB に誘導する理由は、相手にボールを持たれたくないからです。相手 CB をフリーにしたらパスを繋がれることによってサイドチェンジを許してしまい、長い時間ボールを持たれてしまいます。ボールを持った相手は、サイドチェンジしながらジワジワと前進してきます【図1】。

【図1】
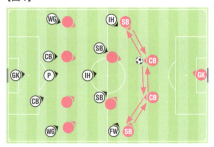

ボールを持った相手に対峙した時、守るべき位置はボールとゴールを結んだ線上です。その線上を抑えつつ、DFラインを揃えてボールサイドに圧縮したとします【図2】。

【図2】

その状態で、相手 CB を経由してサイドチェンジされたら、味方もスライドして対応しますが、寄せ切るまでに相手 SH に前へと運ばれてしまいます。この時も守備者として抑えるべき位置はボールとゴールを結んだ線上ですので、そこを守るためにDFラインを下げざるを得ません。このようにサイドチェンジされたら押し下げられてしまうのです【図3】。そのために、私は相手 SB だけをフリーにするように誘導することを重視しているのです。

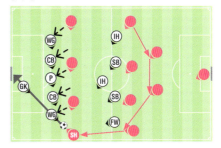

【図3】

変形の例をいくつか紹介しましたが、これは各チームがどのような方針で戦うかによって変わってきます。個々の選手が質的有利を持っていて、ミラーゲームでも勝てるならば変形する必要はありません。それがチームの強みであれば、変形しないことを戦術にすればいいのです。

私が指揮を執るGOAT FCでは個々の能力よりも、賢さ、戦術に対する理解力を強みにしています。どれだけ複雑になろうともボールを支配して、相手から即時奪還するということを目指しているので、このような変形を重視しているのです。

フィジカルに勝る海外のチームと戦うことを考える上で、日本人としての強みを活かすには、攻撃時でも守備時でも変形を駆使して、自分たちができる限り有利な状況を作ることが重要なことだと、私は考えています。

第1章　12の理論

【変形の理論　まとめ】
・変形は、不利または五分五分の状況を打開する戦術
・マークオンとマークオフは変形でも最重要
・変形のタイミングは重心とボールの経路によって決まる
・11人全員が重心を加味したボールの移動経路を理解しなければならない
・選手のパーソナリティによって変形の方法は変わる
・守備においても変形しておいた方が有利
・変形を重視するかはチームの方針による

第2章
4つの戦術局面と4つのトランジション

私は攻撃をビルドアップとフィニッシュ、
守備をプレスとブロックという
4つの戦術局面に分けて定義しています。
そしてトランジションもポジティブトランジションと
ネガティブトランジションの2つのほかに
オフェンストランジションとディフェンストランジションという2つを加え、
4つのトランジションとして定義しています。
4つの戦術局面、4つのトランジションそれぞれについて
戦術的に深掘りして解説します。

第2章　4つの戦術局面と4つのトランジション

4つの戦術局面

サッカーの試合の流れは4つに分けることができます。一般的には「攻撃」と「守備」という2つの局面と、攻撃から守備に切り替わる「ネガティブトランジション」と守備から攻撃に切り替わる「ポジティブトランジション」の2局面、これらを合わせて4つの局面と定義されています。しかし、私は違う捉え方をしています。ここでは、私が考える4つの戦術局面について解説します。

攻撃と守備を2つの局面に分ける

　私が考える戦術局面とは、攻撃と守備を2つに分けた4局面になります。攻撃は「**ビルドアップ**」と「**フィニッシュ**」、守備は「**プレス**」と「**ブロック**」です。まず、この4つの局面があって、それぞれの間にはトランジションがあります。

　それぞれの局面には明確な目的があり、この目的を理解していないと「ビルドアップの時はどうすればいい？」「フィニッシュの時は？」と迷いが生じてしまいます。

4局面それぞれの目的

　ビルドアップの目的は、「**前進**」です。ボールを保持することが目的ではありません。例えば【図1】でライト CB がボールを保持していますが、相手がマークに付いているため前進できません。

　ここでマークオフのレフト CB にパスを出します。相手のマークが付いていないため、顔を上げてボールを保持すること

【図1】

148

で前方へパスを出すことができます。前方へパスが出せるということは、前線の選手が裏を狙うことができます。裏を狙うことで、相手のDFラインは下がります。これが前進です【図2】。

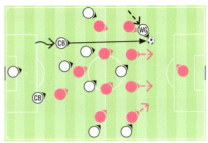
【図2】

このようにフリーの選手がボールを保持してパスが出せる、なおかつ味方の選手が裏を狙っている、これが前進できる状況です。ビルドアップは、この状況を作ることを目的としているのです。

ビルドアップの形はチームによって変わってきます。パスを繋ぐチームもあれば、1本のロングフィードをヘディングの強い選手に当てて、そこから裏を狙って前進するチームもあります。

次に**フィニッシュ**の目的ですが、これは「**ゴールを奪う**」この一言に尽きます。ゴールの奪い方はビルドアップ同様、チームによって変わります。

そして、**プレス**の目的は「**ボールを奪う**」、**ブロック**の目的は「**ゴールを守る**」です。これを理解せずに試合に臨むと、チームがバラバラになってしまいます。例えば、相手に自陣深くまで攻め込まれたとしましょう。ここでやるべきことは、ゴールを守ることです。にも関わらず、目的を理解していないCBがボールを奪いにいくと、相手に抜かれかねません【図3】。

また、プレスバックにきたSBがペナルティーエリア内でボールを奪いにいって相手を倒してしまったらPKを取られる可能性もあります【図4】。そのため、4局面の目的を理解することが重要です。

【図3】

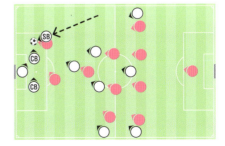
【図4】

ビルドアップからフィニッシュへの切り替え

では、4つの局面はどのようなタイミングで切り替えの判断をすればいいのでしょうか？　まずは、ビルドアップからフィニッシュに切り替えるタイミングを説明します。例えば、4-2-3-1の相手に対した時、推奨するビルドアップは CB が運んでいくことです。なぜならば、相手の1列目と2列目はセンターに1人ずつしか配置されていないので、その脇が空いてきます。そこを運んでいくと、相手のラインは下がります。ここまでがビルドアップです【図1】。そして、FW が下りてきて CB からクサビのパスが入った瞬間が、ビルドアップからフィニッシュへ切り替わるタイミングとなります【図2】。

【図1】
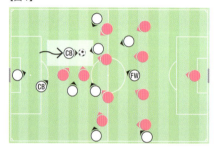

【図2】
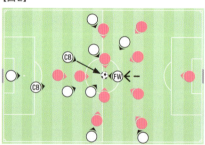

また、CB の前に相手の AM が立ち塞がって FW へのパスを出せなければ、その時点では、まだビルドアップの局面です【図3】。CB からピボーテ P に横パスを出し、FW に縦パスが通った瞬間がフィニッシュへの切り替えとなります【図4】。このチームの場合、FW にボールが渡った瞬間が切り替えのタイミングだと設定している例です。

【図3】
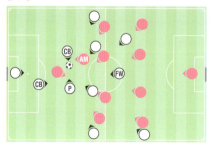

【図4】
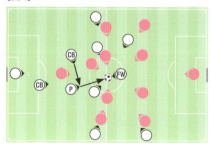

4つの戦術局面

　フィニッシュの局面になると⓿が裏へと走り出し、相手の⓿も付いてきます。そして空いたスペースへ味方の⓿が走り込みます【図5】。ボールを保持している⓿は走り込んだ⓿へのスルーパスを狙い、⓿がオフサイドポジションにいるならば⓿の前へのパスを狙います。相手の⓿がパスコースを切るならば、⓿はもう一歩ドリブルをして外側から⓿へのパスを通します。これで⓿のクロスから⓿がシュートを狙うことができます【図6】。

【図5】　　　　　　　　　　　【図6】

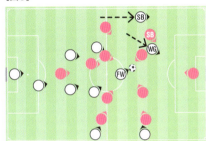
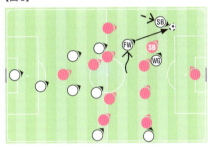

　切り替えのタイミングは、質的有利を持ったクラック（例えば背が高くヘディングが強い選手など）にボールが入った瞬間に設定しているチームも多いと思います。
　また、特定の選手ではなく陣形によって決められたエリアにパスが入った瞬間を切り替えのタイミングとするケースもあります。【図2】と【図4】では相手の四角形の中に⓿が入り、そこへパスが入った瞬間を切り替えのタイミングとしていましたが、相手がピボーテ⓿を配置している場合はやり方とタイミングが変わってきます。
　例えば相手が4-1-4-1の場合、ビルドアップで⓿がボールを保持し、サイドで3対2の状況を作ります。⓿が顔を上げてボールを持てればⓘへパスが出せます。それを阻止しようと相手のⓢがパスコースを切りにくれば、相手のゲートが広がります【図7】。
　ゲートが広がれば⓿はカットインが可能になり、それに合わせてマークオン

【図7】

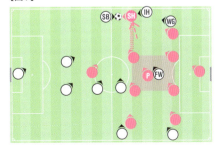

151

のFWは相手ピボーテPを釣ります。その結果、相手の四角形の中にスペースができ、相手の背面（死角）からIHがそのスペースに入ります【図8】。SBからIHにパスが渡った瞬間、これが局面の切り替えのタイミングになります【図9】。

【図8】　　　　　　　　　　　【図9】

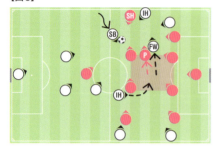 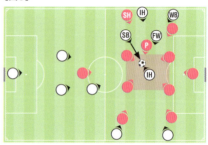

　フィニッシュへの切り替えと当時にFWはマークを振り切って走り出し、IHはFWへスルーパス。パスを受けたFWは、一気にシュートを狙います【図10】。これが陣形によって切り替えタイミングを設定した例です。

　このようにチームによって切り替えのタイミングは異なりますが、タイミングを設定しておき、全員がそれを理解しておくことが非常に重要になります。

【図10】

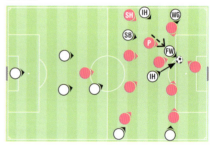

プレスからブロックへの切り替え

　プレスからブロックへの切り替えについても、チームによってタイミングは異なりますが明確に設定しておく必要があります。
　例えば、GOAT FCでは**相手陣にボールがある時はプレス、自陣にボールが入った瞬間にブロック**、というように局面の切り替えタイミングを設定しています。

【図1】のようにボールが相手陣にあればプレスにいきます。やり方としては(FW)が相手(CB)の1人にプレスにいき、もう1人の(CB)へ横パスを出させます。そこを(IH)がプレスにいきます。他のポジションの選手もそれぞれマークを受け渡し、最終的にマンツーマンに持っていきます【図2】。

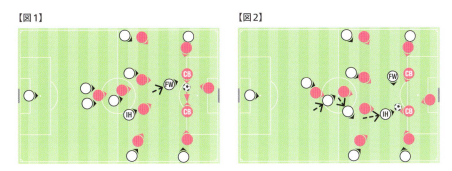

【図1】　【図2】

(FW)のプレスが甘く、(IH)の寄せが遅れた場合、相手(CB)から(CH)へパスが通ってしまいます【図3】。味方のピボーテ(P)が急いで対応しようとしても間に合わず、自陣に侵入されてしまった瞬間【図4】、プレスからブロックに切り替えます。ブロックの目的は「ゴールを守る」ですので、全員でゴールを守るための動きをします。

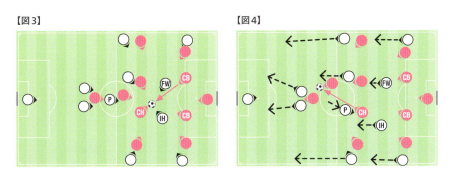

【図3】　【図4】

自陣に侵入した相手が一気に攻め込まず、ボールをいったん後ろに戻すならば再びプレスに切り替えます。チームによって異なりますが、このように局面の切り替えタイミングを明確にしておくことで、曖昧な判断がなくなり、チーム全体で意思を統一した状態での守備が可能になります。

戦術局面の回転図

4つの戦術局面（ビルドアップ、フィニッシュ、プレス、ブロック）の目的と、切り替えのタイミングについて説明しましたが、それをまとめたものが「戦術局面の回転図」です。この回転図の見方が分かれば、後に説明する4つのトランジションについても理解が深まると思います。

戦術局面の回転図の見方

　サッカーは、**ビルドアップ→フィニッシュ→プレス→ブロック**という4つの局面を、基本的に右回りに回転します。円の一番上にフィニッシュがあって、一番下にブロック、左右にビルドアップとプレスがあります。真ん中に棒が通っていて、中央がビスで打ち付けられ、棒の両端にはチームの名前があるとイメージしてください。味方がビルドアップしている局面では、相手はボールを奪いにきます。つまりプレスの局面です。

　ビルドアップが成功すると右回りに上へ進みます。上位局面にあるのがフィニッシュ

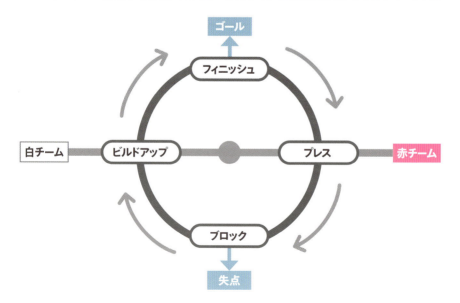

です。相手は右回りに下に下がり、ブロックの局面に入ります。しかし、フィニッシュからゴールに結びつけることは難しく、ほとんどの場合はゴールキックになるか相手に奪われてプレスの局面に入ります。そうなれば、相手はビルドアップの局面です。

このように基本的には右回りで局面が移行するのですが、プレスでボール奪取に成功したら左回りにフィニッシュへ進みます。同様にビルドアップでボールを奪われたら左回りにブロックの局面に入ってしまいます。

そのため、目指すべきは常に上位局面であるフィニッシュの状態を維持すること。棒の先端、相手チームの名前に重りを付けて相手がブロックをし続けるような状況に持っていき、フィニッシュの回数を増やしてゴールを奪うという流れが理想的です。

ビルドアップが強ければフィニッシュに上がり、フィニッシュが強ければゴールを奪えます。また、プレスが強ければフィニッシュに上がれます。ブロックが強ければ跳ね返してビルドアップに上がれますが、ブロックが弱ければ失点します。このように自分たちのチームの特徴を4局面ごとに把握して、強みと弱みを理解します。

そして、戦術局面の回転図には4つの戦術局面、ゴールと失点、次に説明する4つのトランジションそれぞれについて細かい戦術を設定しておきます。各戦術の設定例はP.164の「**相手陣形に対する戦術適用例**」で解説します。

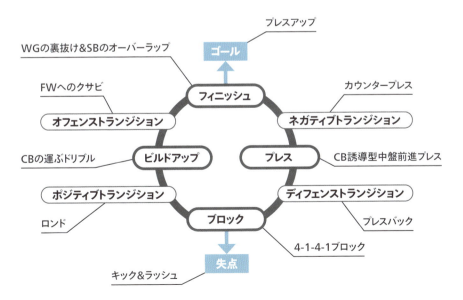

第2章　4つの戦術局面と4つのトランジション

4つのトランジション

通常、言われている「**ポジティブトランジション**」とは守備から攻撃に移る際の戦術を指し、戦術局面の回転図ではブロックとビルドアップの間になります。逆に、攻撃から守備に移る「**ネガティブトランジション**」は、フィニッシュとプレスの間です。さらに私の理論では、ビルドアップとフィニッシュの間に「**オフェンストランジション**」、プレスとブロックの間に「**ディフェンストランジション**」があります。

ポジティブトランジション

まずはポジティブトランジションから説明します。下図のように守備、特にブロックでボールを奪ってビルドアップに移る際の戦術としては、ロンド、クリア、キック&ラッシュ、カウンターなどが挙げられます。簡単にまとめると、**ボールを奪った瞬間に繋ぐのか、攻めるのか**という2択になります。

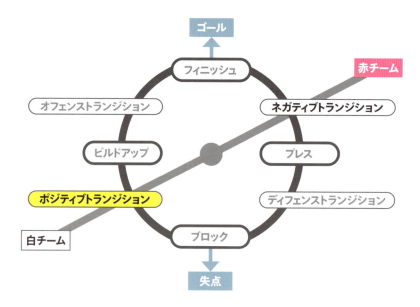

4つのトランジション

　ゾーン2のように、やや高い位置で奪ったら(GK)に戻して繋いだり、最終ラインでワンタッチパスを繋ぐ**ロンド**を行い、ビルドアップの形を整えることがあります。これらは、まず「**繋ぐ**」という戦術です。

　ゾーン1のように深い位置で奪った場合は【図1】、ロンドで時間を稼いで、その間にサイドの選手が上がれば**カウンター**に繋げることができます【図2】。

【図1】
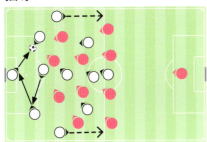

【図2】
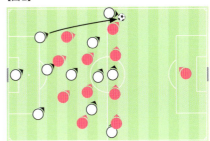

　しかし、相手の激しいプレッシャーを受けるならば**クリア**する方が安全です【図3】。**キック&ラッシュ**はクリアのように見えますが、長いボールを蹴ると同時にラインを上げます【図4】。これらカウンター、クリア、キック&ラッシュの3つは「**蹴る**」という戦術です。

　繋ぐにしても、蹴るにしても「**奪った時にどうするのか**」をチームとして戦術を決めておき、「**どこに蹴るのか**」「**誰がどこに走るのか**」という準備をしておく必要があります。

【図3】
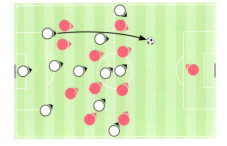

【図4】
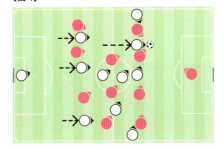

ネガティブトランジション

フィニッシュの局面で相手にボールを奪われてしまった瞬間がネガティブトランジションです。ここで前にプレスに出ていくのか（カウンタープレス）、守備に戻ってブロックを作るのか（リトリート）、その２択から判断します。

前に出ていって相手を潰すのが**カウンタープレス**で、戦術局面図で言えばフィニッシュからプレスに移行する際のトランジション戦術です【図1】【図2】。

ただし、カウンタープレスがかわされてしまうこともあります。相手から見ればポジ

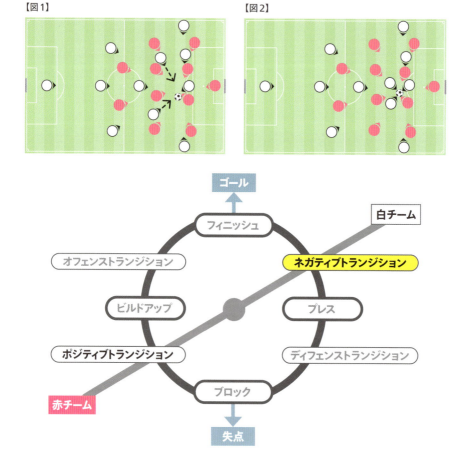

ティブトランジションの局面です。

その場、戦術局面図で言えば右回りにプレスを通り過ぎてブロックを作るための**リトリート**を行います。その際、ただ自陣に戻るのではなくボールを保持している相手に対して後ろからプレスをかけるのが**プレスバック**です。そのため、プレスバックとリトリートはセットで行うことが多くなります【図3】。

【図3】

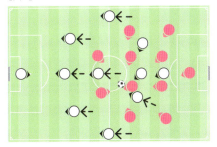

経過時間や負けている場合など状況にもよりますが、全体がリトリートしながらも両 WG を前に残しておく**カウンタートラップ**という戦術があります。WG を前残りさせることによってカウンターの準備をしているのです。プレスバックでボールを奪えれば戦術局面図を左回りに動かして、一気にカウンターからフィニッシュに持っていくことができます【図4】。

【図4】

逆に相手が前残りによるカウンタートラップをした場合、ネガティブトランジションが発生した瞬間に、味方のDFラインを上げてオフサイドトラップにかける戦術が**ラインアップ**です【図5】。

【図5】

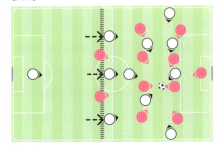

カウンタープレス、プレスバック＆リトリート、カウンタートラップ、ラインアップは、すべて複合的に行うべきです。理想の動きは決めておきながら、経過時間や勝っている場合、負けている場合などシチュエーションごとに、どの戦術を取るかをゲームプランでしっかり決めておくことが重要になります。

オフェンストランジション

「ビルドアップからフィニッシュへの切り替え」の項（P.150）で「**FWにクサビのパスが入った瞬間**」「**質的有利を持ったクラックにボールが入った瞬間**」「**特定の選手ではなく決められたエリアにパスが入った瞬間**」という例を挙げましたが、これらいずれかの瞬間がオフェンストランジションになり、ここを起点に一気にフィニッシュに切り替えます。FWへのクサビのパスが入った瞬間、フィニッシュではクサビを受けたFWがどのような動きをするか、連動するWGやIHはどのような動きをするのかを決めておくことが重要です。

上記以外に**突破した瞬間**、**ルックアップをした瞬間**を切り替えのタイミングとするチームもあります。

例えば、【図1】で⑤が相手のマークを突破したとします。この時点で⑤は顔が上がって前方を向いていますので、この瞬間をオフェンストランジション

【図1】

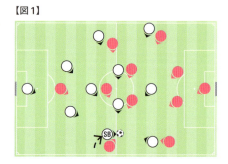

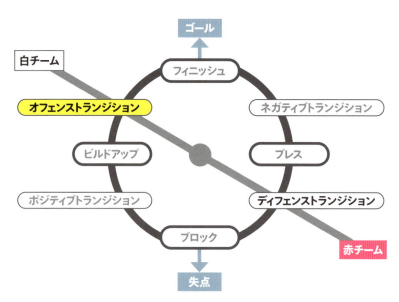

4つのトランジション

のタイミングと設定することもできます。

　また、レフト Ⓒ Ⓑ が相手を引き付けてからライト Ⓒ Ⓑ にパスを通し、フリーでルックアップできたならばロングパスを蹴ることができます。最終ラインであってもこれを切り替えのタイミングとするチームもあります【図2】。

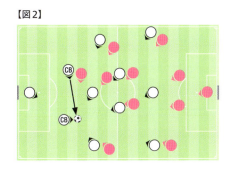
【図2】

　なお、フィニッシュからビルドアップに戻して、**リビルド**することもオフェンストランジションと考えることができます。例えば相手が密集を作ってブロックを固めている場合、相手を引き出させる動きをします。いったんボールを下げて相手を食い付かせ【図3】、相手DFラインを前方向に動かして、逆重心を利用したフィニッシュに持ち込むという戦術です【図4】。

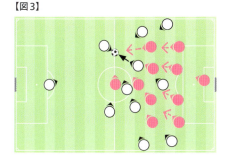
【図3】

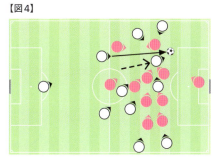
【図4】

　リビルドに持っていく判断基準としては、相手が戻り切ってブロックが完成してしまった場合はもちろんですが、味方のパスミスなどでフィニッシュの形が乱れた場合や、ゲームプランとして味方が勝っている状況で相手が積極的にプレスにくる場合があります。味方が負けていて残り時間がない場合に、リビルドを繰り返すことは得策ではありません。

　下げたボールを受けた選手は、縦パスを入れるのか、裏抜けへのスルーパスを入れるのか、ワンツーパスで入っていくのかなど、その後のプレーを考えておかなければなりません。リビルドはフィニッシュのひとつでもあるのですから。

161

ディフェンストランジション

ディフェンストランジションの切り替えポイントとして、「プレスからブロックへの切り替え」(P.152)の項で「**自陣にボールが入った瞬間**」という例を挙げました。この切り替えのタイミングが設定されていないと、ブロックでゴールを守るべき局面でボールを奪いにいき、抜かれてしまうという事故が発生しかねません。チームの意思を統一するためにも、切り替えのタイミングは分かりやすさが重要ですので、私は「自陣にボールが入った瞬間」をお勧めしました。しかし、各チームによって異なりますので、自陣でプレスにいくこともありますし、ネガティブトランジションから一気にブロックに移行する場合もあります。

その他、ディフェンストランジションにおける戦術として、**フリーの保持**、**突破やルックアップを許す**が挙げられます。フリーの保持とは【図1】でプレスをかわされてパスを出されてしまった場合、ボールがどこにあろうともプレスをまったくかけずにリトリートするプレーになります【図2】。

同様に突破やルックアップを許した場合も【図3】、ボールがどこにあったとしても

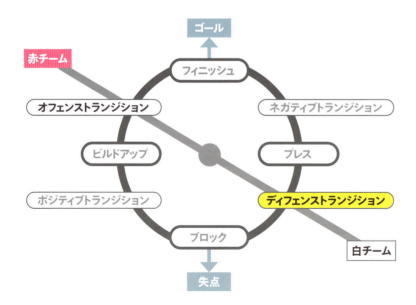

4つのトランジション

【図1】
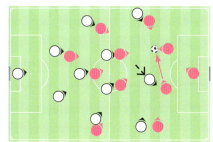

【図2】
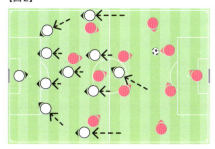

【図3】
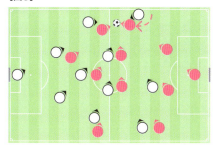

【図4】
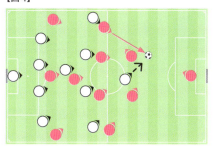

ブロックへ切り替えるためにリトリートを行います。

　なお、ブロックを作っている時に、相手のバックパスがずれて後ろにそれた場合や【図4】、相手が GK へ長いバックパスをしようと後ろを向いた瞬間、ブロックからプレスへのディフェンストランジションに設定しているチームもあります【図5】。

【図5】
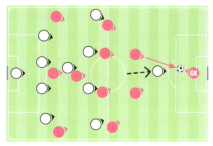

　重要なことは4局面および4つのトランジションそれぞれについて、戦術を用意すべきということです。8つの戦術を決めておけば、間違いなく強くなります。

第2章　4つの戦術局面と4つのトランジション

相手陣形に対する戦術適用例

私の理論では、相手の陣形によって最適なフィニッシュがある、というというところまで紐解いています。例えば相手が4-2-3-1ならば？　4-1-4-1ならば？　相手の陣形によってビルドアップもフィニッシュも、プレスもブロックも、4つのトランジション戦術も変わってきます。ただし、部分的な戦術はネガティブトランジションでは常にカウタープレスを狙う、など相手がいかなる陣形であっても変わらない場合があります。

4-2-3-1に対する戦術の一例

例えば、下の戦術局面の回転図は4-2-3-1の相手に対する戦術のひとつです。4つの戦術局面、ゴールと失点、4つのトランジションごとに、戦術局面の回転図に戦術を記してあります。この戦術例に従って試合の流れを見てみましょう。

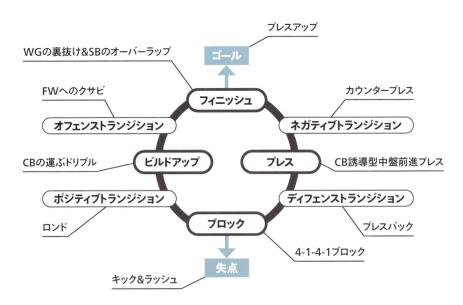

相手陣形に対する戦術適用例

　味方のキックオフから始める場合、相手 (SH) と対峙する (SB) もキックオフ時には、あらかじめ高い位置を取っておきます。(WG) も同様にハーフウェーラインで用意しておき、キックオフと同時に、それぞれ決められたポジションに移動します。

　ビルドアップの戦術は「**CBの運ぶドリブル**」です。レフト (CB) が相手 (FW) を引き付けてライト (CB) に横パスを出し、パスを受けた (CB) は運ぶドリブルで上がります【図1】。

　オフェンストランジションの戦術は「**FWへのクサビ**」です。ライト (IH) はマークオンで相手を釣ってパスコースを空けます。(FW) にパスが渡った瞬間、フィニッシュの局面に入ります【図2】。

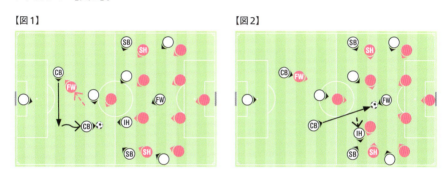

【図1】　【図2】

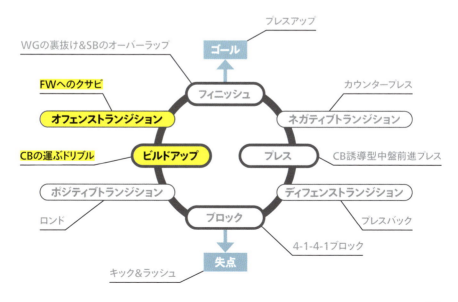

165

第2章　4つの戦術局面と4つのトランジション

　フィニッシュの戦術は「**WGの裏抜け&SBのオーバーラップ**」です。WGは横に加速して裏へ抜けていき、FWはそれを目視しながらパスを出します【図3】。相手がWGに付いてくるならば、空いたスペースにSBがオーバーラップし、FWは外へ少しドリブルしながらSBの走り込む先へパスを出して、SBはGKが取れないコースにダイレクトでクロスを上げます。逆サイドのWGとSBも同じ動きをします【図4】。

　なお、FWからのパスを受ける際、WGの裏抜けは横に走らず縦に抜けるのはいい方法ではありません。FWとWGの阿吽の呼吸がなければパスが通らない上、相手の最終ラインが下がり、GKとの間のスペースを使えなくなってしまうからです。

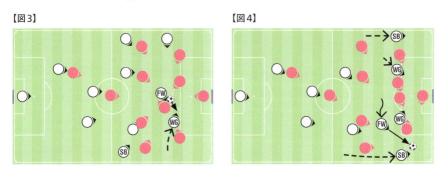

【図3】　【図4】

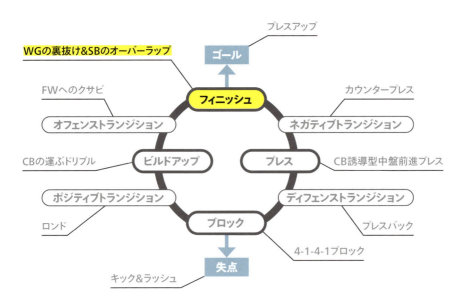

166

相手陣形に対する戦術適用例

㊱からのクロスに、㊆または㊕が合わせることでシュートが成功すればゴールです【図5】。ゴールの戦術は「**プレスアップ**」と記しています。これはゴールが決まった後、相手ボールによるキックオフの後の戦術です。相手はビルドアップを始めますので【図6】、それに対するプレスを行います【図7】。

【図5】
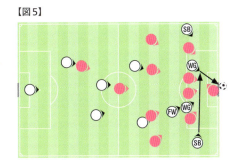

【図6】
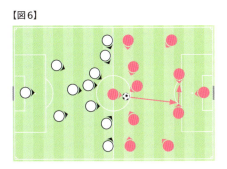

【図7】
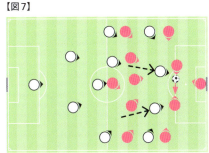

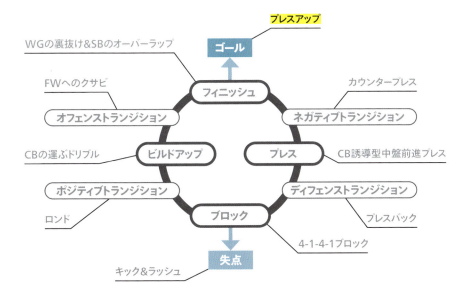

167

第2章　4つの戦術局面と4つのトランジション

　ゴールに至らなかった場合は、**ネガティブトランジション**になります。戦術として「**カウンタープレス**」と記しています。例えば、フィニッシュで🅢🅑からのクロスを相手🅒🅑に奪われたとします【図8】。相手はブロックのために全体が下がっている状況です。そこで、ボールを奪われた瞬間、🅒🅑と中盤の選手は相手のマークに付き、🅢🅑は下がって相手🅢🅗を警戒します。🅕🅦はボールホルダーの相手🅒🅑に対してプレスを仕掛け、🅦🅖の2人も両側から囲い込みます。なおかつ、ピボーテ🅟はパスコースを消しながらプレスに参加します【図9】。

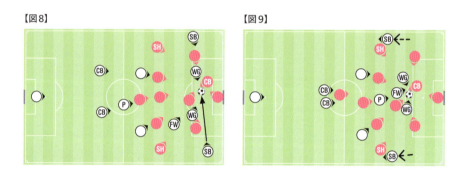

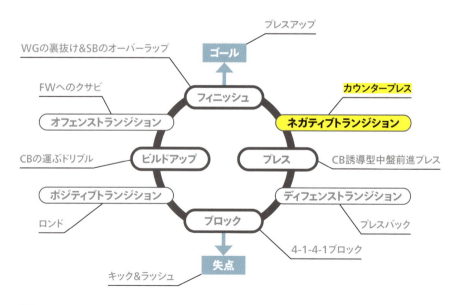

相手陣形に対する戦術適用例

　プレスの戦術として記している「**CB誘導型中盤前進プレス**」もカウンタープレスの一種なのですが、味方のフィニッシュが相手 GK にキャッチされた場合を例に挙げて説明します【図10】。GK が近くの CB へのパスで時間を作っている間、相手は陣形を広げにかかります。その時はあえて CB にボールを持たせ、FW と IH でプレスをかけて奪いにいきます【図11】。

　ここで奪いきれば、ネガティブトランジションを飛び越えてフィニッシュに戻り、シュートを狙います。戦術局面の回転図では左回りに上位局面に上がるという形です。

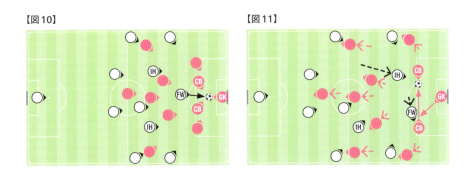

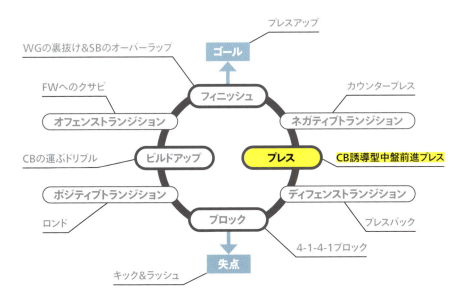

第2章 4つの戦術局面と4つのトランジション

しかし、ボールを奪いきれず、相手 CB からハーフウェーラインよりも自陣に位置する相手 SH へパスを通されてしまった場合【図12】、**ディフェンストランジション**となり、戦術には「**プレスバック**」と記しています。WG がブロックを形成するために戻るならば、戻りながら後ろから突いて奪いにいくという考え方です。その間に他の選手もブロックを形成するために自陣へ戻ります【図13】。

なお、ここではプレスからブロックへ切り替えるディフェンストランジションのタイミングを「**相手ボールがハーフウェーラインよりも自陣に入った瞬間**」と設定していますが、このタイミングはチームによって異なります。

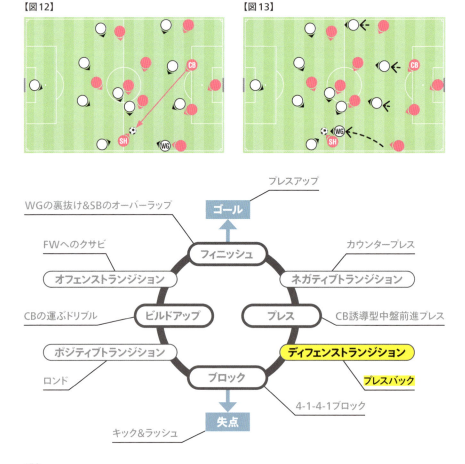

相手陣形に対する戦術適用例

　ディフェンストランジションでのプレスバックでボールを奪うことができず、相手のボールが自陣にある場合は**ブロック**の局面になります。戦術は「**4-1-4-1ブロック**」と記していますが、これは陣形を4-1-4-1に変形してゴールを守ることになります。両⒞⒝はゴール前を固め、両⒮⒝も低い位置まで下がります【図14】。4枚のDFラインの前方、中央にピボーテ⒫を置き、両⒲⒢も自陣に戻り2枚の⒤⒣とともに3列目のラインを形成して、最前列に⒡⒲を残します【図15】。

　なお、相手がリビルドするためにボールをハーフウェイラインよりも相手陣内に下げるならば、戦術局面の回転図は左回りに回転し、プレスの局面に戻ります。

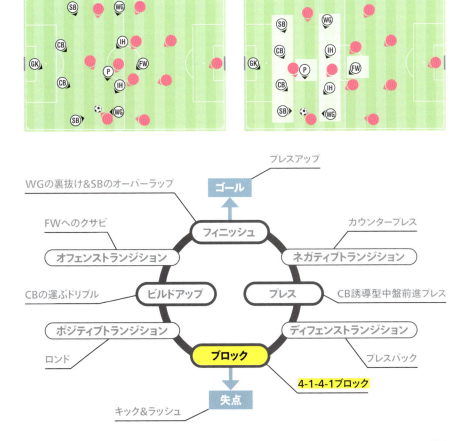

【図14】　【図15】

第2章 4つの戦術局面と4つのトランジション

　ブロックの局面で、残念ながらゴールを奪われたとします。**失点**した場合の戦術として「**キック&ラッシュ**」と記しています。これは、それまで味方が繋ぐサッカーを繰り広げてきたという前提で、なおかつスコアや経過時間にも関係してきます。

　2-0の状況で相手が1点返し、なおかつ残り時間が少ない場合だとします。味方のキックオフで再開する時、相手は最初からプレスをかけようと前がかりの陣形を取ってくるはずです【図16】。

　そして相手が出てきたところでボールを回すふりをしながらキック&ラッシュを仕掛ける【図17】。このような駆け引きを戦術として自動化させておくのです。

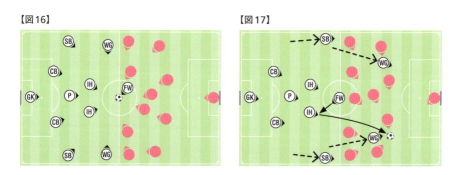

【図16】　　　　　　　　　　【図17】

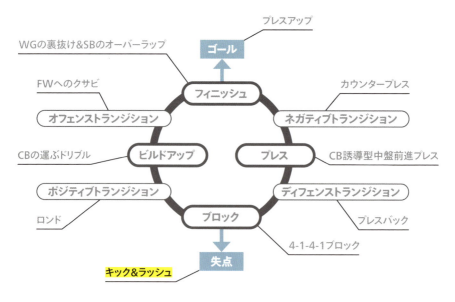

172

相手陣形に対する戦術適用例

　ブロックによって失点を防いでボールを奪えれば、**ポジティブトランジション**になります。戦術としては「**ロンド**」と記しています。例えば、相手のアーリークロスをクリアしてボールを奪ったとします。その時、チームスペースを広げるSBやWGといった外郭の選手がバックステップを踏んでサイドに広がっていきながら、中央のピボーテP、2枚のIHとFWで菱形を作ってパスを回します【図18】。このロンドを「トランジションロンド」と呼びます。パスを回して時間を作り、タイミングを見計らってターンすることなくWGへダイレクトパスを出します【図19】。円滑なチームスペースの広げ方ができれば、一気にビルドアップからフィニッシュへと繋げることができるのです。

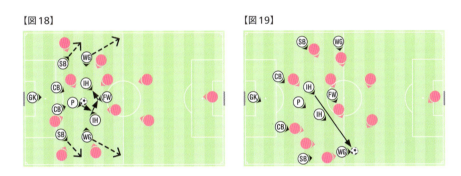

【図18】　【図19】

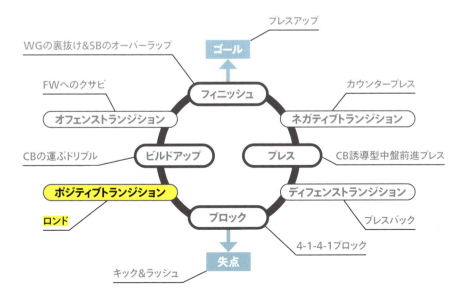

173

Column「戦術的に考える」ということ

　私はサッカー以外でも、すべてのことを戦術的に考えています。例えば料理でも作る前にシミュレーションを行い、炒めるタイミングの順番に切った食材を並べておき、完成をイメージしながら作ります。そうすれば失敗することがありません。

　YouTubeチャンネルのGOAT football tacticsを2020年1月に始めた時も戦術的に考えて行動しました。「サッカー戦術」という狭いカテゴリでしたが既存チャンネルの登録者数を調べ、私の持っている知識を適切な方法で伝えられれば、ある程度の視聴者に見てもらえると確信した上で始めたのです。

　ただし、いくらサッカー戦術に関する知識があってもYouTube動画では伝え方が下手では見てもらえません。幸い、私はさまざまな仕事の経歴の中でアートや撮影など、表現に関する経験を積んできました。YouTube動画に必要な編集による起承転結、音楽でいうところのイントロからサビに向かってどう盛り上げるか、という部分です。仕事以外でも趣味のバンド活動や、数多くの映画を観て勉強してきたことも編集技術や表現力に繋がっていたと思います。

　YouTubeで再生回数によって収益を上げるセオリーとして、毎日動画をアップするということが言われていました。しかし、私はYouTubeにおける戦術として、1本の動画に全身全霊を込めて「何回も見たくなるような動画」を作ることを選びました。次から次へと流し見する動画ではなく、視聴者の心に残る映画のようなストーリーを心がけてきたのです。結果、その戦術は成功しました。

　私が持っているスキルのうち、強みとなる部分はどこか？　それを客観的に把握した上でYouTubeに取り組んできたことは、サッカーのチームにおいて戦力を把握して最適な戦術を選択し、遂行していくことに似ています。例えば、背がそれほど高くなくてもパスが得意な選手が集まっているチームならば、ロングボールではなくショートパスで繋ぐビルドアップを選択するべきです。

　1人のサッカー選手として考えた時も同じです。自分の強みは何か？　どこを伸ばしたらチームに貢献できるか？　ということを論理的に考え、戦術としてとらえるようにしてみましょう。きっとプレーも変わってくるはずです。

第 3 章
選手のパーソナリティと
メンタル

戦術を極めても、チームを構成するのは 11 人の個性になります。
本章ではポジションや役割で必要なパーソナリティを解説しつつ
コラムとして選手の能力を最大限活かすための
メンタルトレーニングを紹介します。

第3章　選手のパーソナリティとメンタルトレーニング

選手のパーソナリティ

サッカーは11人で行う競技ですが、チームを構成する各選手には、それぞれプレーヤーとしての性格があります。例えば、私が好きな選手のシャビについて言えば、中盤で相手がプレッシャーをかけてきてもはがして、正確にボールを操って支配率を上げていました。シャビがこのプレースタイルを確立するためには、支配欲が強くて相手を押さえつけたいという性格があったはずです。この性格を活かせるポジションだったからこそ偉大なプレーヤーとして君臨したのですが、別のポジションだったらここまで成功できたか分かりません。各選手は自分の性格に基づいたプレースタイルを持っています。このプレースタイルが試合に大きな影響を与えます。したがって、できる限り早期に自身のパーソナリティに合ったプレースタイルを身に付けることが大事であり、指導者は選手のパーソナリティ、性格や能力、特徴を加味してプレースタイルを直接伝えることで、選手がより早く大きく成長することに繋がります。本節では、それぞれのプレースタイルが何を意識し、どのようなプレーをすれば試合に影響を与えるのかを伝えていきます。

ドリブラー

ドリブラーに求められていることは、当然ながらドリブルです。ドリブルすることのメリット、それは時間を作れることです。【図1】で**WG**が時間をかけてボールを持ちながら仕掛けの態勢に入れば、**SB**がオーバーラップしたり、全体が相手陣内へ押し込んだりすることができます。相手は押し込まれるとトランジションが

【図1】
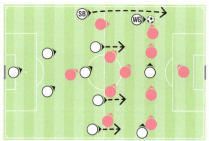

難しくなります。このように、ドリブラーには「時間を作る」ということを認識してもら

うことが必要です。ドリブラー自身が自覚するとともに、他の選手も認識することでドリブラーがボールを持った時にアイソレーションを作ったり、オーバーラップをしたりするなど、サポートを行うことができます。

相手が猛烈なプレスをかけてきて【図2】のように陣形が狭まった場合、ドリブラーにボールが渡ったとします。このように味方がプレッシャーを受けている時、ドリブラーは逃げてはダメです。ここで戦うのがドリブラーの使命です。マンマークに付いた相手を抜ききらなくても、時間をかけることでマークがずれていくものです。

【図2】

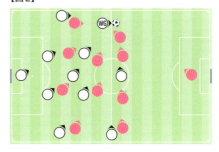

また、ドリブラーは役者であるべきです。仕掛けた際にファウルを誘ってフリーキックを獲得すれば、相手陣内に一気に前進できます【図3】。このように役割を理解していれば、チャンスの時でもピンチの時でも、ドリブラーとしてチームに貢献ができるはずです。

【図3】

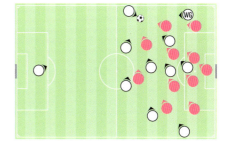

潰し屋

ドリブラーの対極になるのが潰し屋です。守備側にとっては、とても心強い存在です。攻撃側のキーパーソンとも言えるドリブラーに対峙しても躊躇せずにプレスにいき、抜かれないだけの対人の強さも持ち合わせている必要があります。万が一抜かれたとしても、カードが出ない範囲で上手くファウルで止めるのも潰し屋の役割です。

潰し屋がファウル覚悟で対応してきたら相手のドリブラーは怖さを感じ始め、ボー

ルを受けることを躊躇うようになるので、攻撃側は頼るべきポイントを失ってしまいます。このように潰し屋は、相手にボールが出された時の距離感、奪うタイミング、抜かれた場合の対応について鍛えておく必要があります。

ターゲットマン

ターゲットマンは、ポストプレーヤーとして相手CBを背負うことはもちろんですが、空中戦の1対1にも秀でている必要があります。攻撃時のセットプレーにおいては、ターゲットマンがどのように動くかで全体の動きが変わってきます。また、守備時のセットプレーでも相手のターゲットマンをマークするなど、攻守において重要な役割を果たします。

ストッパー

私は、相手1トップ(FW)に対峙する(CB)が2人いた場合、ストッパーとスイーパーで構成されるべきだと考えています【図1】。そのため、2人の(CB)それぞれに明確な役割を与えています。ストッパーは対人の強さ、スイーパーはボールがこぼれた時に回収する役割を果たします。なので、ストッパーが鍛えるべきはフィジカルの強さです。

【図1】

相手(FW)には、上手さ、高さ、速さ、強さ、さまざまな質的有利を持った選手がおり、それらに勝たなければなりません。勝てなかったとしても相手のバランスを崩して、少しでも自由を奪うようにします。相手が下りた位置でポストプレーをする時、ス

イーパーが背後を守っているならば、どこまでも付いていってインターセプトを試みます。また、相手 FW がサイドに流れるならば、そこへも付いていって激しくプレッシャーをかけます。

相手 FW がボールを受けたならば、ボールとゴールを結ぶ線上に立ち位置を取り、相手に近い位置でシュートブロックします【図2】。相手 FW がターンするならば体で止める、ワンツーの動きをする時も体を入れてコースを塞ぐなど、マンマークにおける最高位の選手を目指します。このようにストッパーは潰し屋とパーソナリティがかぶる部分が多くあります。

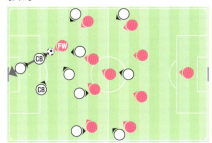

【図2】

スイーパー

ストッパーが相手 FW を徹底的にマークする役割ならば、スイーパーはどのような役割があるのでしょうか？ 例えば、【図1】でサイド流れした相手 FW にストッパーが付いていった場合、スイーパーはストッパーのカバーに入ることはもちろん、【図2】のように逆サイドから侵入した相手 SH にボールが渡ったらシュートブロックに入らなければなりません。

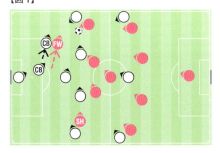

【図1】

【図2】

ボールを奪ったならば、スイーパーがトランジションの起点になります。逆サイドの(WG)への対角フィード、最低でも50〜60メートルの正確なパスを出せる能力が必要となります【図3】。

【図3】

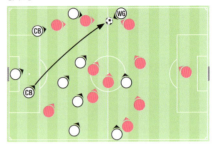

近年の(CB)は、ストッパーとスイーパー両方の能力を兼ね備えていることを求められますが、状況に応じてどちらかの役割を選択するプレースタイルが理想です。

ストライカー

ストライカーにとって重要な概念は、得点意識です。どこからでもゴールを狙う。雑なボールが来ても体のどこかに当ててゴールに押し込む。技術の高さよりも「こういうボールを蹴ったら決まる」という嗅覚を持っていることが重要です。

さらに、シュートにおける相手との駆け引きやフェイク、ワンタッチゴールなどさまざまな引き出しを持っていると有利です。

また、ストライカーはマークされるので【図1】、ディフェンダーを引き付けながらサイド流れすることによって、スペースを空けるというデコイの役割も求められます【図2】。

【図1】

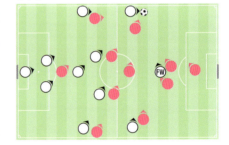

【図2】

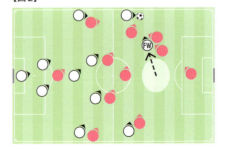

選手のパーソナリティ

ゲームメーカー

　ゲームメーカーにとって重要な要素はマークオフの技術です。例えば、ピボーテⓅがマークオンの状態であっても、味方がパスを回している間に相手マーカーを引き連れてポジションを移動します【図1】。相手がゾーンマークの意識で付ききれなくなったところで死角に入ってパスを受けるという、デスマルケの動きによって相手の守備を混乱させます。【図2】では守備側のピボーテⓅが余っていますが、元々攻撃側のⒾⒽをマークしていたため、ゾーンマークの位置に留まってしまいます。このように相手のマークやポジションをずらす動きが、ゲームメーカーに求められる能力です。

【図1】

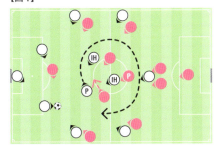

【図2】

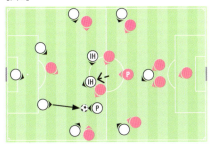

　また、ボールの持ち方やパスフェイクによって相手の重心をずらせて、逆重心になったところでパスを出すという能力も重要です。細かく相手の重心を振ることによって、相手はノッキングを起こして一直線にプレスにこられなくなります【図3】。

【図3】

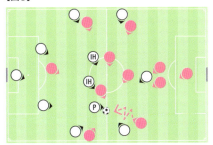

　ゲームメーカーには、マークオンからマークオフになる技術、フリーになった後に相手に寄せられてもかわす技術、顔を上げながらドリブルする技術、相手を崩すためのパスコースを見極める戦術眼、といったさまざまな能力が求められます。

181

チャンスメーカー

　チャンスメーカーはゲームメーカーと似ていますが、似て非なる役割です。チャンスメーカーは、ボールを持った時に仕掛けのパスを狙っている選手になります。重要なことは、他の選手もチャンスメーカーの役割を認識しておくことです。

　例えば、【図1】で IH がボールを持った瞬間、FW が相手 CB を釣ってスペースを作り、そこへ WG が走り込むなど、その**選手にボールが渡った時が攻撃のスイッチになる**、という選手がチャンスメーカーです。チャンスメーカーがボールを持っている時、失わないという信頼感があるので、他の選手も動き始められるとも言えます。

【図1】

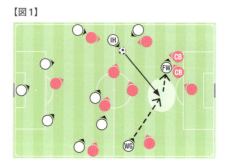

ワンタッチプレーヤー

　ワンタッチプレーヤーは、どのポジションでも活躍できますが、ここではピボーテ P を例に挙げます。CB からピボーテ P がボールを受ける際、相手が狙うのはトラップの瞬間です。そこで相手を引き付け、ワンタッチで CB にパスを返せば、寄せてきた相手がいた場所にスペースができます【図1】。

【図1】

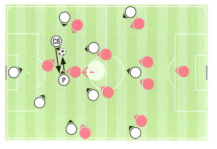

　もうひとつ、別のケースを紹介します。上記と同様に CB からピボーテ P がボールを受ける際、背後から相手がチェックにきた場合、ワンタッチで CB にボールを返せ

ば、(CB)はフリーになった(SB)にパスを展開することができます【図2】。このように、**ワンタッチプレーヤーが持つべき能力は背面視野**です。背面視野によって相手が来ていることを察知したら、我を出さずに周りの選手を使うようにプレーします。これも選手の性格です。

フィニッシュにおいても、無駄にボールをこねずに、後ろから来たボールであっても相手(GK)のタイミングを外してワンタッチシュートを決める選手がいます【図3】。シュートの精度よりもタイミングを重視するワンタッチゴールを得意とする(FW)も、ワンタッチプレーヤーとして挙げられます。

【図2】

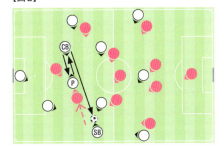

【図3】

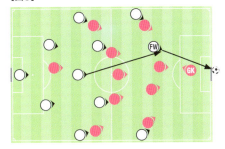

ジョーカー

(WG)の選手を例に挙げて説明します。カットインからのシュートが得意な選手をスタメンで使っている状況で、縦突破が得意な選手を交代で入れる。こうすることでカットインに慣れた相手(SB)は対応しにくくなり、試合の流れを変えることができます【図1】。相手は疲れているのに対し、交代選手はフレッシュなので体力的にも有利な状況になります。

【図1】

183

また、中盤であればゲームメークを得意としていた選手から、積極的に飛び出していく選手に代えることで変化を付けられます【図2】。交代選手のパーソナリティを選手全員が理解し、その選手が活きるようなサポートをします。

【図2】

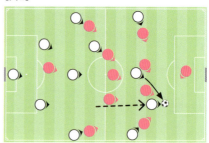

ジョーカーがスタメンよりも劣ると思っている人がいますが、それは大きな間違いです。**後半に投入されるからこそ、体力的にもチームの駆け引きとしても、より効果的に活きる**のです。私も監督として、チームナンバーワンのドリブラーをあえてスタメンで使わずに、ジョーカーとして起用することが多くあります。

ユーティリティプレーヤー

一言で言えば、複数のポジションを1人でカバーできる選手です。トランプのポーカーで言うところの「ワイルドカード」です。まさに何にでもなれます。ベンチにいてもらえると、監督としては非常に助かります。ディフェンダーから中盤、トップにいたるまでできる選手であれば、万が一怪我による交代があっても即座に対応できます。複数ポジションをこなせるということは、その**選手の戦術理解度が高い**ということです。どのポジションであっても高い質でこなせるのであれば、言うことはありません。

キッカー

フリーキックやコーナーキックなど、セットプレーでのキックを担当する選手です。カップ戦の延長最後にPK戦要員として投入される選手もいます。もちろん、セットプレー以外の流れの中で活躍する選手もいます。

ロングシューター

　ミドルレンジからロングレンジまで、常にスナイパーのようにシュートを狙っている選手です。1試合で1〜2回しか打たなくても、GKの位置や癖も把握して毎試合ロングシュートを見せるような選手が、ロングシューターと呼ばれます。CBでもロングシューターの選手はいます。攻撃が多彩になる上、相手もマークに付く必要が出てきます。ロングシュートが直接入らなくても枠内に打っていけば、こぼれたボールを味方のFWが決めることもあるので得点の可能性は広がります。

クローザー

　リードしている試合を、リードしたまま終わらせる選手です。完全に仕留め切りたい時や追いつきたい時に入れるジョーカーと違い、**落ち着きをもたらし、確実に安全に試合を終わらせる**ことを求められます。そのため、戦術理解や状況把握に長けた選手、特に経験豊富なベテラン選手がクローザーになることが多くあります。

ファンタジスタ

　技術に裏付けられた一瞬のひらめきによって、試合を変えられる選手です。攻撃の中心選手であり、予測不能なプレーを見せることで、相手のみならず味方のチームメイトも驚かされることもあります。

　近年はシステム化が進み、データに基づいた最適解を求められるので、成功確率の高いプレーが多くなっています。そのため、「ファンタジスタは不要」とも言われていますが、私はそうは思いません。データには表れないプレーをすることで、数は少ないかもしれませんが、ビッグチャンスを生み出すことがあるからです。今でも、ファンタジスタの気質を持っている選手はいます。あえて難しいプレーを選んだり、予測

を裏切るプレーをすることで観客を魅了するのです。そして、サポーターからは愛されます。これがサッカーの魅力のひとつでもあるのです。

観客が魅入ってしまうということは、**相手チームも魅せられてしまうことにもな**ります。その瞬間にファンタジスタは相手の隙を突くのです。例えばボールを受けた(IH)があえて後ろを向いたまま、ヒールで(WG)へのスルーパスを通す――ファンタジスタならではのプレーです【図1】。

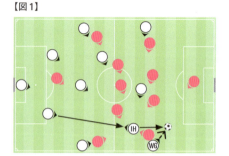

【図1】

シャドー

シャドーは、2列目から裏抜けのタイミングを狙っている選手です。トップ下の選手が多いのですが、(WG)でシャドーの役割を担う選手もいます。代表的な動きとしては三角形を作らず、3人の選手が一直線に並ぶように位置取ります。【図1】ではピボーテ(P)から(IH)にパスがくる時、相手がプレスにくるならば(IH)がスルーし、(FW)はワンタッチでピボーテ(P)に返します。相手(CB)が(FW)に引き付けられたところで(IH)が裏に抜け、ピボーテ(P)からのスルーパスを受けます【図2】。このようなプレーを意識し、得意としている選手がシャドーです。もちろん、裏抜けした後の決定力も求められます。

【図1】

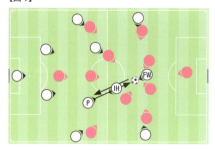

【図2】

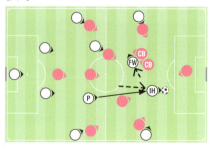

スピードスター

　速さを活かしてカウンターの起点、裏を目指すことによって推進力を生み出す選手です。後半に起用されることによってジョーカーにもなります。とにかく速さが突出している選手がスピードスターと言われますが、速さだけでなく相手を抜いた後のクロスやシュート精度など、他の技術も持ち合わせている必要があります。

ダイナモ

　無尽蔵のスタミナでピッチ内をアップダウンし、繰り返し動き続けられる選手。特にトランジションにおいて能力が発揮されます。SBであれば、攻撃時に何度もオーバーラップを仕掛け、守備時には必ず戻って振り切られないような選手がダイナモと呼ばれます。試合終盤でも手を抜かずに走って、クロスを上げられれば試合を決めるようなゴールが生まれることもあります。90分、延長した場合は120分を通して、決してさぼらない選手です。技術的に秀でていなくても、特に試合後半でも走り続けられることが大きな有利性をもたらすのです。

モチベーター

　試合前からチームを盛り上げ、試合中も適切な声かけをできる選手がモチベーターです。大きな声で他の選手を鼓舞し、落ち込んでいる選手がいれば肩を叩いて励まします。もちろん、監督やコーチの仕事でもあるのですが、選手の中にモチベーターがいると、ピンチになってもチームが崩れにくくなります。人格者でもあり、言葉の選び方が上手い選手でもあります。

キャプテン

　モチベーターに似ていますが、まったく同じではありません。主な役割としては、チームをまとめること、ジャッジに関して主審と交渉すること、選手を代表して監督と交渉すること、試合後のマスコミ対応などになります。人間力が必要とされ、チーム全員から一目置かれる存在です。良いチームには、必ず良いキャプテンがいます。他の選手ができないことを代表して行うので、他の選手からも信頼されるのです。技術が優れていないキャプテンを過小評価することがありますが、大きな間違いです。キャプテンがまとめることで、チームは最大限の力を発揮できるのですから。

メッセンジャー

　チームが複雑なシステム変更などをした場合、陣形（フォーメーション）も変わり、一気に3人の選手が交代することがあります。その時に監督の意図を伝えるのがメッセンジャーです。選手交代のタイミングでなくても、監督が戦術を修正したい時などにメッセンジャーを呼ぶことがあります。監督に言われたことを理解し、選手に分かりやすい言葉で伝える能力が求められます。メッセンジャーとしての能力だけでレギュラーにはなれませんが、プラスアルファで持っていれば、監督は信頼してメンバーとして選ぶことになります。メッセンジャーは1人だけでなく、チーム全員に伝わるように複数人で伝えていきますが、その大元になるのがメッセンジャーの能力を持った選手になります。

Column イメージトレーニング

　本番に強い人と弱い人がいます。練習では誰よりも上手いのに、実際の試合では本領が発揮できない……。物理的な話をすると、緊張して力が入り過ぎていることが多いと思います。サッカーだけでなく、日常生活や学校、仕事のシーンでも、本番になると思うようにできないことは多くあるでしょう。これを解決できる方法がイメージトレーニングです。過去には水泳のマイケル・フェルプス、ボクシングのモハメド・アリ、テニスのセリーナ・ウィリアムス、ゴルフのタイガー・ウッズ、バスケットボールのコービー・ブライアントなどがイメージトレーニングによって頂点に立ったことが知られています。そして、現在ではほとんどの競技でイメージトレーニングは当たり前のように導入されています。このColumnではイメージトレーニングの2つの手法「ビジュアライゼーション」と「アファメーション」を紹介します。

ビジュアライゼーション

　まずはビジュアライゼーションから。ビジュアライゼーションで行うのは、「具体的なイメージをする」ということです。例えば、水泳のマイケル・フェルプスが行っていたビジュアライゼーションは、起きた時と眠る前に自分が一番目標とする大会で大活躍するシーンをイメージしていました。皆さんが想像している以上に具体的で鮮明なものです。どのようにイメージするかを紹介します。

　大会の会場が決まっているならば、そこにたどり着くまでの手段や道程、誰と行くか、道中どのような会話をするのか。会場に着いたら競技用ウェアに着替え、リラックスしてストレッチやアップを行い、本番になったら控え室からスタート位置まで歩く様子を鮮明にイメージします。この細かい流れを少しもスキップせず、すべて実際と同じ時間をかけてイメージするのです。

　スタート位置に着いて、コース番号、国名、選手名がコールされる。カメラがアップで映す瞬間に手を挙げる。歓声が起きる。すべてのコールが終わり、合図とともに

スタート。飛び込んだ時に体に当たる冷たい水の感覚、水をかく音、水の匂い、水の味──視覚だけでなく五感すべてを動員する。実際はベッドの中なので大きく手足を動かすことはありませんが、泳いでいる最中もイメージの中で体を動かします。脳から電気信号を送り、筋肉が動いていることをイメージします。折り返し地点でターンして、壁を力強く蹴る。隣のレーンにはライバル選手が泳いでいる。しかし、最初にゴールするのは自分だ。ゴールにタッチして見上げると、自分が1位であることが表示されている。競技が終わり、表彰式へ。金メダルをかけてもらう。ここまでイメージするのがビジュアライゼーションです。

　人間には能力を発揮できる場所とできない場所があります。例えば、私がいつもYouTubeで落ち着いてライブ配信できているのは、私が使っているいつもの席で、いつものマイクで、何の違和感もない環境で行っているからです。これが別の会場でセミナーとして話すとしたならば、いつもとは違う景色が目の前に広がります。お客さんの顔が目に入ったり、マイクの調子や空調の温度なども気になったりして、さまざまな雑念が生まれます。
　サッカー選手も同じです。試合会場にもホームとアウェイがあり、ホームの方が活躍しやすいのは言うまでもありません。UEFAチャンピオンズリーグなどの大きな大会の決勝戦は中立地で行い、不公平がないように計らわれています。とはいえ中立地であっても慣れ親しんだ会場ではなく、言わばアウェイです。それでも、トップレベルの選手は最高のパフォーマンスを発揮します。これはビジュアライゼーションを入念に行っているからです。

　ベッドの中で眠る前にビジュアライゼーションを行う場合、そのまま夢の中に入っても構いません。変性意識の状態でイメージし、そのまま眠りにつくことでより深いビジュアライゼーションが実現します。
　そして、ビジュアライゼーションは毎日行うことで、イメージした場所（試合会場）が自分にとって居心地のいい場所になります。実際の試合会場に立った時、毎日夢に描いた場所だと認識できれば「ああ、いつも来ている場所だ」と、緊張すること

Column イメージトレーニング

なく試合に臨めるはずです。そして普段と同じように、さらにいつも以上の力を発揮できるようになります。

　先ほど、水泳のフェルプス選手の例を挙げましたが、サッカー選手であれば試合会場の空気、芝生の感触、一緒にいるチームメイト、相手チームのメンバーを思い浮かべ、試合が始まれば自分の理想の動きやパス、シュート。試合会場が初めての場所であれば、映像や写真を見ながら鮮明にイメージします。

　例えばトラップについて言えば、ボールを体のどこにどのように当てるかで上手くできるかが決まってきます。ボールの回転がバックスピンならばインサイドで止めよう、高いボールがきたならば胸に当ててボールを少し上に弾ませよう、そうすれば自分の顔を上げて寄せてくる相手を視野に入れられる。落ちてきたボールを、ファーストタッチで相手の逆重心側にコントロール。というイメージならば目を閉じていてもビジュアライゼーションできます。

　これによりピッチの中で再現できるようになり、できない場合の課題も見えてきます。無駄に100回練習して失敗を続けるよりも、失敗の原因を書き留めて改善点を見つけることの方が重要です。そして、それをイメージすることはベッドの中でもできることです。

　ただ、サッカーの場合は水泳と違って試合時間が90分間あり、移動時間やアップも含めれば3時間以上になります。1試合分すべてをイメージするのか、トラップやシュートなどの場面のみをイメージするのか、迷うかもしれません。

　ビジュアライゼーションを始めたばかりであれば、いきなり3時間の時間軸をイメージすることはできないと思います。最初は断片的な場面をイメージするのが精一杯で時間をスキップしながら10分もできればいい方でしょう。それでもいいのです。まずはビジュアライゼーションをすることが大事です。昨日は入場シーンを端折ったとしたならば、今日は入場シーンを時間通りに、というようにイメージします。

　入場シーンだけでも、イメージすべきことはたくさんあります。カテゴリーによって変わりますが、入場前に相手選手と一緒のエリアでお互いの健闘を誓い合っているとこ

ろから、階段を上ってピッチに入り、先頭を歩くレフェリーがボールを台から取り、それに続いてピッチ中央に向かう。両方のチームが整列した後にコイントスが行われるまで……入場シーンだけでもスキップしないで想像するとかなりの時間がかかるはずです。

　今日イメージできなかったところは明日イメージするといった具合に、本に例えれば抜け落ちたページを少しずつ追加していくようにします。そして、最終的に1試合を1つのシナリオとして完成できればいいのです。

　ビジュアライゼーションのポイントは、基本的に一人称でイメージすることです。自分の目線で見える光景を思い浮かべます。自分の姿は映りません。目に入るのは自分の手と足だけです。視野を取るアクションの時も頭の中で、ボールが何秒後に自分のところに来るか、ということも時間軸を合わせてビジュアライゼーションすることで感覚を合わせることができるようになります。

　基本は一人称ですが、試合に直接関与していない時間は三人称のシーンを加えると、感情がよりリアルになります。例えば、キックオフ前に両チームが分かれて散らばる時、中継ではピッチ全体を俯瞰した映像が映りますが、あのような光景をイメージするということです。しかし、基本は一人称なので99％は自分の目で見える視点、1％だけ俯瞰の三人称の映像を加えるという感じです。

　ビジュアライゼーションしている時に失敗するイメージが湧いてしまったら、どうすればいいでしょうか？　夢に向かっていけば、当然失敗はあります。失敗なしに成功する人はいません。イメージの中では失敗も発生すると思います。その時は、自分のミスをチームメイトが助けてくれたおかげで失点を防げた、というようにイメージしてみましょう。

　そして、ビジュアライゼーションを成功させるためには、イメージを絵として描くことが重要です。成功のイメージを新聞やWebニュースの写真、YouTubeのサムネールに使われる写真のように描くのです。チームメイトに囲まれて歓喜の輪ができてい

Column イメージトレーニング

るシーン、優勝カップを掲げているシーンなど。絵は下手でも構いません。その絵を寝室の天井に貼ってください。そうすることで寝る前に必ず絵を見ることになり、それがトリガーになってビジュアライゼーションすることができるようになります。

アファメーション

　アファメーションとは、なりたい自分の理想像を自分に言い聞かせる自己暗示です。サッカー選手であれば「俺はバロンドーラだ」「俺は10年連続でベストイレブンに選ばれた」「俺はワールドカップで日本代表を優勝へ導いた時のキャプテンだ」というように「自分はこうだ」という理想像を決定するのです。「俺は〇〇になりたい」ではなく、「俺は〇〇だ」というように、**すでになっている前提**で宣言します。

　アファメーションはビジュアライゼーションと違って、一言自分に言い聞かせるだけです。朝起きて顔を洗う時、鏡の前で「俺はバロンドーラだ」。歯を磨く時も、鏡の前で「俺はバロンドーラだ」と言い聞かせます。

　鏡の前が一番効果があります。なぜなら自分を客観的に見ることができるからです。撮影した映像に映っている自分を見るよりも、鏡はリアルタイムに自分見ることができます。

　鏡がない移動中でも、少しでも時間ができれば「俺はバロンドーラだ」と言い続けます。家の外であれば、声を出さずに心の中で言えばいいのです。少しの時間でもアファメーションすることが大事で、これを習慣化させます。

　ポイントとして、「俺はバロンドーラだ」と言う時に感情を乗せることです。「嬉しい」「ワクワクする」「清々しい」といった満足感を伴う感情を作ってから「俺はバロンドーラだ」と言わなければなりません。

　アファメーションの効果を実感したのが、私が今の仕事に就く前、会社員時代の経験です。アファメーションに関する書籍を読んだのですが、最初は懐疑的でした。そこで試しに自分を主役に置かず、他者を主役にアファメーションをやってみたので

す。ただし、本来の使い方は自分を主役に置くので、以下はアファメーションの効果をお伝えする話だと思ってお読みください。

　会社にFさんという人がいました。Fさんは私の上司でした。その部署は私にとって居心地は良くありませんでした。私は「Fさんは私の部下だ」と、Fさんと話すたびに見かけるたびに、心の中でアファメーションをしました。しばらくすると、本当にFさんは私の部下になってしまいました。

　Fさんが私の部下になるということは、私はFさんよりも仕事ができなければなりません。なので、Fさんを下げるのではなく、私の方が上がるような立ち振る舞いになっていました。その結果、Fさんが納得せざるを得ないくらい、私の方が仕事ができる状況になったのです。周囲も「Fさんよりも、GOATの方が仕事ができるな」と評価するようになり、私がFさんの上司になったのです。

　続けて、アファメーションの効果を実感した例を2つ紹介します。私は既婚者なのですが、妻と結婚する前の交際中に「この人は私の結婚相手だ」とアファメーションしていました。すると、立ち振る舞いが「彼女」に対するものではなく、「妻」に対するものに変わってきたのです。ぎこちなくデートするのではなく、より具体的でより長期的な対応、夫としての頼りがいであったり、一緒にいることの安心感であったりを実現する言葉遣いや姿勢になりました。

　今の私の仕事、GOATとしての活動もアファメーションによる結果です。サッカー選手として有名でもなかった人間が、間違った理論や抽象的な言い方をしていれば認められることもなく、批判的な意見があればそのたびに感情を動かされてしまい、まっすぐに夢に向かうことはできなかったと思います。しかし、自分の理論に確固たる自信を持ち、活動を続けてこられたのはアファメーションによるものでした。自信を身に付けるために知識を蓄え、次へ進むためのモチベーションになりました。

　アファメーションに関する話をもうひとつ。最近、GOAT FCのWebサイトを作りました。私は動画のプロであり、サッカー戦術の専門家ですが、Webデザインの経験はありませんでした。しかし、私の描く理想のWebサイトは私にしか作れません。

Column イメージトレーニング

　そこでアファメーションを行いながら自分で作り始めたところ、さまざまなことに気付きました。トップページはどうすればいいのか。最初に訪れていただくページなので、毎回見ていただく方にいつも違った情報を与えられるように頻繁に更新するニュースを載せよう、スクロールした時に白バックだけでは単調になるので変化を付けよう、など。すると、Webデザイン制作を始めるまでは見えなかったものが見えてきました。他者のWebサイトを見る時も「このページはこういう表現をしているんだ」「ここの作りは上手いな」と、それまでは気にしなかったことが無数に見えてきたのです。同時にロゴも作ったのですが、こちらも同じようにさまざまなものが見えてきました。

　アファメーションをすることによって、ものの見方が変わります。ひとつひとつが勉強になるのです。「俺はバロンドーラだ」と宣言することによって、サッカーの見方が変わり、取り組み方も変わってきます。私も「最も優れた戦術家になる」という夢があり、アファメーションとしては「最も優れた戦術家だ」と唱えますが、すべてのレベルで戦術を見るようになりました。公園で子供たちがサッカーで遊んでいるレベルであっても「戦術がある」という前提で見ています。個々の子供を見て、その特徴や個性に合わせて「こうすればいいな」と思うのです。それが日常化すれば、UEFAチャンピオンズリーグのようなレベルの高い試合の戦術を見ることは簡単にできるようになります。戦術が合理的かつ体系的に構築されているので、一瞬で分かります。

　最後に1点だけ注意点を。アファメーションで気を付けることは、「**他人に言わない**」ということです。なぜならば、否定されてしまうからです。「お前はバロンドーラじゃないだろ!」と言われてしまうと、否定のイメージが付いてしまいます。そのために他人に公表するならば、夢が実現してからにしましょう。

　イメージトレーニングとして、ビジュアライゼーションとアファメーションをお伝えしましたが、この2つを実践すれば間違いなく本番に強くなります。ぜひ、試してみてください。

195

選手としての考え方で大切なこと

　サッカーという競技は個人競技ではなく、団体競技です。まず、これを理解する必要があります。自分本位の利己的なプレーではなく、チームの中でどのように動けば組織としての強さが発揮できるかを考え、いかにすればチームに貢献できるかを最重要ポイントとして極めていくべきです。

　例えば、背が高くて体が強いけれど、足元の技術がそれほど上手くない選手がいたとします。その選手が華麗なテクニックに憧れてしまい、試合でもドリブルを活かそうとしても上手くいきません。しかし、ポストプレーならば誰にも負けない。それならばポストプレーに必要な技術を磨くべきなのです。その選手に足りないものは、他の選手が必ず補ってくれます。

　もしも、自分が上手くいっていないと感じている選手がこの本を読んでいるならば、プレースタイルを変えてみることをお勧めします。自分が苦手なプレーにこだわるよりも、自分のストロングポイントを客観的に把握し、どうすればチームに貢献できるプレーヤーになれるかを考えるのです。

　自分がやりたかった華麗なドリブルを封印し、ポストプレーでのワンタッチを磨く。そうすれば関連する技術も伸びてきて、できることが徐々に増えていきます。そのようにチームでの立ち位置や成長曲線を戦術的に考えることで、その選手がより良いサッカー人生を送れるようになることはもちろん、チームとしても幅が広がることに繋がるのです。

　前項で「俺はバロンドーラーだ」と言い聞かせるアファメーションを紹介しましたが、メッシのようなテクニシャン以外でも受賞している選手が多数います。そして、バロンドールを受賞することがテクニシャンになることではなく、どのようなプレースタイルがチームの勝利に繋がるかを考えた選手が受賞していることが分かると思います。自分のことしか考えない選手にはパスも回ってきませんし、得点を挙げることもできず、結果としてチームに必要ない選手になってしまいます。

　チームに対して貢献することが自分の成長にも繋がる──このように考えることが選手としては一番大切なことなのです。

第4章
8つの陣形

チーム戦術の核となる陣形について解説します。
陣形にはさまざまな種類がありますが、
私は8つの陣形に分類しています。
それぞれの特徴を示した上で、
その陣形と対峙した場合の対策について
4つの戦術局面ごとに詳しく解説します。

第4章 8つの陣形

陣形（フォーメーション）とは

　陣形とは各ポジションの集合体であり、ディフェンダー、ミッドフィルダー、フォワードの配置による組み合わせです。そして、私が指向するサッカーは「**相手の陣形に対してどうする**」という考えに基づいて組み立てています。

「相手が陣形を決めていなかったらどうするのですか?」という質問をもらうことがあります。その時に「**陣形は決めていなくても、無意識に決まっている**」と答えています。例えば、友達同士が集まって何の戦術会議もせずにサッカーを始めたとします。このような時でさえ、陣形は自然に決まります。「ゴールを奪おう!」という人がいればFWになり、「ゴールを守ろう!」という人はCBになるのです。

FWになった選手が一時的に守備に戻ることがあっても、「ゴールを奪う」という目的から外れるので必ず前線に戻ります。また、FWが大きく移動することがあればマンマークしていたCBにとっては「ゴールを守る」という目的から外れるので、どこかでマークを受け渡します。これを私は「**ポジションに対する引力**」と呼んでいます。

陣形は各ポジションの集合体

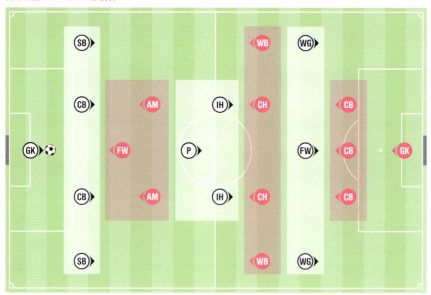

相手陣形の判別方法

キックオフ直後を想定して、相手陣形を判別する方法を説明しましょう。まず、相手のDFラインを見ます。

【図1】では4人で構成しているので、4バックのいずれかの陣形（4-2-3-1、4-3-3、4-4-2、4-4-2 ダイヤ）であると判別できます。

【図1】

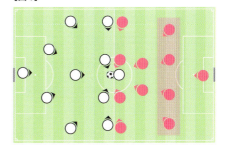

試合が始まり、ボールが動いた後は相手の選手が味方のどのポジションをマークするかによって、相手の陣形が確定します。【図2】では相手が2枚で味方の2枚のCBにプレスをかけているので2トップだと分かるので、この時点では4-4-2系の陣形だと判別することができます。

【図2】

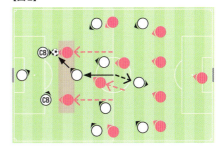

相手の中盤の構成も、味方のどのポジションをマークするのかによって判別します。曖昧なポジションを取っているならば、例えばピボーテPとIHで何回かパス交換をしてみます。ピボーテPに対してプレスにきて、そのままマークし続けるならば相手はトップ下なので陣形は

【図3】

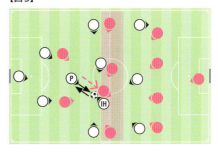

4-3-3、ポジションに対する引力を感じてIHをマークする位置に戻るならば4-4-2と判別できます【図3】。

選手は自分のポジション以外の位置には走って向い、走って戻ります。自分のポジションの近くでは歩き、完全にポジションに戻れば止まるものです。

陣形とは列である

もう少し深掘りして「陣形とは何か?」ということを考えてみましょう。私の定義では**「陣形とは列である」**ということになります。

【図1】の赤チームの陣形、4-4-2はバランスがいい陣形と言われています。

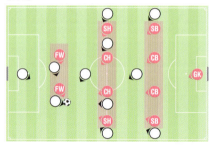

【図1】

DFライン、MFライン、FWラインと3列で構成し、DFラインとMFラインに関しては4人で列を構成しています。「**守備ではスペースを狭く**」の項（P.32）でも触れましたが、ピッチの幅は68mなので4人で守れば各ゲートの距離を10m以内に抑えることができます。もちろん、5人で列を作る方が守りやすくなりますが、その代わり他の列の人数が減ってしまいます。したがって、4-4-2はバランスがいいと言われているのです。しかも、ゴールがある中央には6人配置されています。

列を構成する人数は、そのまま強度を表すレベルとなります。例えば、4人の列は「レベル4」、5人の列は「レベル5」と強度が増し、1人の列は「レベル1」と強度が低くなります。

一方、【図2】では攻撃側の白チームの列を表示しています。4-3-3の陣形ですが、攻撃時には両(SB)が高い位置を取るため、最終ラインから1列目は2人、2列目は1人、3列目は4人、4列目は1人（(FW)が偽9番）、5列目は2人という5列構造になっています。

【図2】

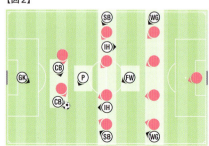

4-4-2と5列構造の4-3-3が対峙した場合、どこが守り切れて、どこが守り切れていないのかを見ることが重要です。いかなる陣形でも必ず穴があり、そこを攻めることが戦術になります。

陣形によるキースペース

攻撃または守備において重要となるスペースのことを、私は「**キースペース**」と呼んでいます。【図1】で白く塗った位置が4-4-2を崩すためのキースペースです。特に、CBとCHの間にボールが入ると4-4-2で守っている相手はプレスにいかなければならないので、相手の陣形は崩れ、空いたポジションのスペースを使って味方はフィニッシュに移ることができます【図2】。

【図1】　　　　　　　　　　【図2】

4-4-2で守っている相手がこのリスクを回避するために戦術的に行うべきことは、キースペースとなる位置にピボーテPを置いて陣形を4-3-3（守備時は4-1-4-1の4列構造）の陣形に変形することです。

すると、【図3】で白く塗った位置が4-3-3を崩すためのキースペースとなるので、ピボーテPではなくトップ下を置いて白チームの攻撃の起点を潰す戦術を選ぶこともあります。このように相手陣形の人の配置、列の強度を見ながら強みと弱みを把握し、それぞれのキースペースを狙っていくかが重要になります。次ページ以降では、**8つに分類した陣形**（4-2-3-1、4-3-3、4-4-2、4-4-2ダイヤ、3-4-3、3-4-3ダイヤ、3-4-1-2、3-1-4-2）ごとに、キースペースを含めた特徴と攻略方法を解説していきます。

【図3】

第4章 8つの陣形

4-2-3-1

4-2-3-1の特徴と歴史

ここから8つの陣形について特徴や判別方法、対峙した場合の攻略法を解説します。なお、**図では当該陣形を赤チームとします**。

サッカーの陣形における歴史では、体の大きな2トップを並べていた4-4-2が主流でしたが、1980年代から90年代にかけて、2トップの1人は体が強いタイプ、もう1人は上手いタイプを並べるようになりました。上手いタイプはトッ

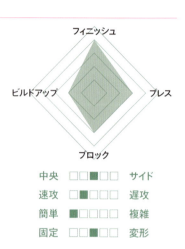

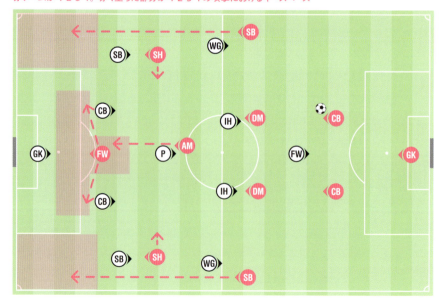

赤チームが4-2-3-1。赤く塗った部分が4-2-3-1の攻撃におけるキースペース

4-2-3-1

プ下として1.5列目に下りてボールを受けたり、トップの裏に抜けたりするなど、自由に動くことが増えてきたのです。

このようにトップ下を置くことを基本形として誕生した4-2-3-1は、4-4-2の派生形なのでダブルボランチを置く**4-4ブロック**の守備の堅さは維持しつつ、急造チームでも戦術理解が浸透しやすいので代表チームでも多く採用されてきました。

後述する**トップ流れ**と**トップ下の飛び出し**が最大の武器であり、トップ下 AM が主役になる陣形です。一昔前に「ファンタジスタ」と呼ばれていたような、パスをさばけてシュートも上手いクラックがトップ下を務めるチームならば、4-2-3-1は特に威力を発揮します。

4-4-2が主流の時代から4-2-3-1を採用するチームが多くなり、4-2-3-1同士のミラーゲームになるケースが増えてきました。4-2-3-1を攻略する上での**キースペース**は、**バイタルエリア**と**1-1ゲート**（P.208）の脇です。攻撃側のトップ下はバイタルエリアでパスを受ければトップへの縦パス、サイドへのパス、ミドルシュートと選択肢が増えます。それを潰すために生まれたのが、トップ下 AM にピボーテ P を当てる4-3-3です。

白い部分が4-2-3-1を攻略するためのキースペース

第4章　8つの陣形

4-2-3-1のストロングポイント

　強みとしてはバランスの良さです。4バックが揃っていて、両サイドも **SB** と **SH** が2枚ずついることで守備の安定感はあります。攻撃に専念できるトップとトップ下がいて、ダブルボランチ **DM** の1人が上がれば厚みのある攻撃も可能になります。

　フィニッシュにおいては、トップ **FW** がサイドに流れて相手 **CB** を引き付けたところでのトップ下 **AM** の飛び出しが最大の武器。この**トップ流れとトップ下の飛び出し**という連携技ができるように最初から用意されている陣形です【図1】。

「それだけですか?」と言われるかもしれませんが、トップ流れとトップ下の飛び出しは、非常に強力な攻撃パターンです。守備側は分かっていてもなかなか止められません。サッカーの歴史の中で、この形から多数の得点が生まれています。

【図1】

　また、**SH** が中央に入って空けたスペースを利用した **SB** のオーバーラップからのクロスも攻撃の武器となり、両サイドの高い位置もキースペースとなります【図2】。

　SH は攻撃時には高い位置を取ってWG的な動きをしますが、守備になれば下がって4-4-1-1というブロックを作ります。4-4-1-1の良さはダブルボランチ **DM** の存在です。1人が攻撃参加していたとしても、必ずもう1人が中央を守るというチャレンジ&カバーができます【図3】。

【図2】

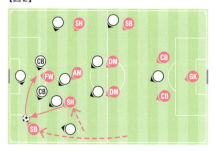

【図3】

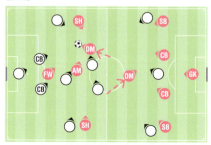

ダブルボランチ DM は引いた状態でも効果的で、SB が相手に抜かれたとしてもボランチ DM 1人がカバーに入れることも強みになります【図4】。

【図4】
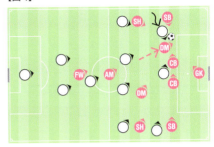

さらに、4-4-1-1ブロックを作った上でトップ FW が相手ボールホルダーの前を遮(さえぎ)りながら少し下がって4-4-2の形を作るチームも多くあります。四角形のピッチを守る上で4-4-2は理想的な陣形です。4-2-3-1から**簡単な変形で守備を強化**することができることもストロングポイントとして挙げられます。

4-2-3-1のウイークポイント

4-2-3-1は万能ではありますが、人間で言えば器用貧乏のような陣形です。攻撃も守備もある程度こなしてバランスも崩れにくいのですが、どのような局面でも常にベストではありません。**トップ流れとトップ下の飛び出し**という武器はありますが、引き出しが少なく、応用が利きません。その最たるものがビルドアップです。

例えば、相手が4-3-3で1トップだった場合、CB は相手をドリブルで抜いていきたいところです。なぜならばほとんどのポジションでマンマークされており、唯一数的有利を確保しているのが CB だからです。しかしボランチ DM へのパスは、数的有利の位置から数的同数へのボールの移動に過ぎません【図1】。

【図1】
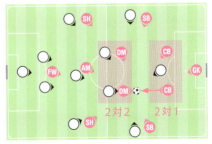

数的問題だけではなく、後ろを向いてパスを受けるボランチ DM は背後からプレッシャーをかけられて危険です。さらにドリブルで上がってもボランチ DM が動かなけれ

ば渋滞を起こして相手は同時に2人をマークできる状態になってしまいます。

　問題は守備時のブロックにおいても発生します。2枚のCBとダブルボランチDMで作る四角形、つまりバイタルエリアでボールを持たれてしまうとCBの1人が出ていかざるを得ません【図2】。サッカーにおいて「崩し」という概念は、CBの位置が狂うことから始まります。かと言ってCBが出ていかなければ、そのまま運ばれてラインを下げられた上でシュートを打たれてしまいます【図3】。

【図2】

【図3】

　バイタルエリアの守り方としてはピボーテを置く4-1-4-1への変形が理想的ですが、4-2-3-1ではどのポジションの選手がピボーテとして入るのか、判断が難しくなります【図4】。また、相手が2トップだった場合、ボランチDMのどちらが下りて3バックを構成するか曖昧になりがちです【図5】。

　どちらも相手の陣形を見極めて事前に決めておけば解決できることですが、流れの中で瞬時に判断して変形しなければなりません。この変形の難しさも、4-2-3-1のウイークポイントだと言えるでしょう。

【図4】
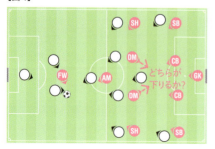

【図5】

4-2-3-1の判別方法

　ここからは**4-2-3-1を相手にした場合**を説明します。相手の陣形が4-2-3-1であるか判別する方法は、まずは4バックであるかを見ます。これはキックオフの段階で判別できるので簡単です。次にトップの枚数を見ます。味方の2枚の⒞に対して1枚でマークにきているか、中盤が三角形か逆三角形か。味方にピボーテⓅがいた場合、マークにくるトップ下がいれば三角形です【図1】。ピボーテⓅにマークが付かなければ4-2-3-1ではなく逆三角形の4-3-3と判別できます。

【図1】

4-2-3-1に対するビルドアップ

　相手の陣形が4-2-3-1と判別できた場合、4-2-3-1に対する理想的な陣形は、**偽9番**を置いた4-3-3になります。その理由はフィニッシュのキースペースとなる**バイタルエリア**に偽9番となったトップⒻⓌを配置できることと、ビルドアップでは1トップⒻⓌとトップ下ⒶⓂの縦のゲート脇のキースペースを使えることで

【図1】

す。まずは、ビルドアップでのキースペースの使い方から解説します。

【図1】でレフト⒞がボールを持っている場合、左サイドへボールを展開することはできますが、右サイドへの展開は難しくなります。しかし、1トップⒻⓌとトップ下ⒶⓂを結ぶ縦のゲートを越えれば右サイドへの展開も可能です。

この縦ゲートを**1-1ゲート**と呼び、4-2-3-1の中心軸になります。短いパスであっても1-1ゲートを越えることで、サイドチェンジすることと同じ効果があるのです【図2】。

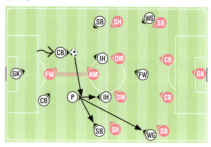

【図2】

なので、4-2-3-1を相手にしたビルドアップで重要なことは、いかに1-1ゲートを越えるかを考えることになります。パスでもドリブルでも構いません。1-1ゲートを越えること（＝サイドチェンジ）を繰り返すことで、そのたびに相手はスライドしなければならず、ノッキングによって加速状態でのプレスができなくなります。

次に、数的有利を連鎖させる方法を説明します。2枚の⒞Bと相手の1トップ FW は2対1の数的有利なので、いったん味方の⒞Bの方に体を向けて相手にパスコースを切らせるように引き付けてから、前にドリブルで運んでいきます【図3】。この時ピボーテ P は⒞Bの前を空けるように逆サイドに移動します【図4】。パスではなくドリブルで運べば数的有利が連鎖して、次のステージでも2対1を作ることができるのです。

【図3】

【図4】

ビルドアップの目的地をバイタルエリアに設定していて、相手トップ下 AM がピボーテ P をマークしているならば⒞Bから FW にパスを入れます【図5】。相手トップ下 AM がパスコースを切ってくるならば⒞Bからピボーテ P を経由して FW にパスを入れます。このように2対1を作っておけば、相手は防ぐことができません【図6】。

【図5】  【図6】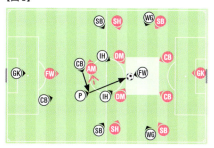

相手ボランチ(DM)がパスコースを切っているならば、(IH)にパスを入れます【図7】。ボールを餌にしてボランチ(DM)を釣った上で(IH)は(CB)にバックパスをして、そこから(FW)に入れます。相手は釣られたことで【図8】のようにゲートが広がり、四角形も変形して面積が広がってきます。

【図7】 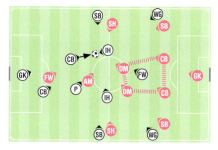 【図8】

4-2-3-1に対するフィニッシュ

バイタルエリアでボールを受けるタイミングを、ビルドアップからフィニッシュに切り替わる**オフェンストランジション**（P.160）のポイントとして設定していたならば、相手の四角形の中で(FW)がボールを受けた瞬間からフィニッシュの局面になります。フィニッシュの目的は相手の最終ラインを越えて、ゴールネットを揺らすことです。

相手の四角形の中で(FW)がボールを受けた時、相手の心理状況としては**責任の分**

散（P.115）が発生してお見合いになるか、4人それぞれが FW に近付いてしまいます。後者の場合、四角形が圧縮されてギャップができるので、FW はそのスペースを利用します【図1】。

FW が偽9番の場合、四角形の外側に位置取りするとより効果的です【図2】。CB が寄せてきますが、足元ではなく四角形の中央でパスを受けるように、パスの出し手と受け手が共通認識を持っておけば CB は逆重心となって追い付けず、FW は加速した状態でパスを受けることができます【図3】。これを「味方を誘導するパス」と呼びます。

【図1】

【図2】

【図3】
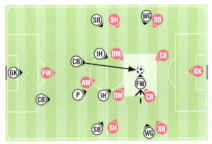

上記のような**味方を誘導するパス**を使いながらバイタルエリアの長辺を有効活用して攻略します。例えば、FW が左利きならば CB から離れた位置にボールを置くので左サイドに展開しやすくなります。さらに四角形の外から走ってパスを受ける場合、横方向に加速しているのでもう1人の CB が前に出てきたとしても、かわすことができます【図4】。

WG はゴールに対して直線的に抜けるとオフサイドになる可能性が高くなるの

【図4】

で【図5】、⑱の死角から中央に向かって走り出し、横方向に加速してからコースを変えて⑲からのパスを受けます【図6】。⑱が⑳に付いてくるならば、⑲はオーバーラップしてきた⑱にスルーパスを出します。⑲が㊙をおびき出しているので、クロスを上げれば逆サイドの⑳が合わせることができます【図7】。

【図5】

【図6】

【図7】

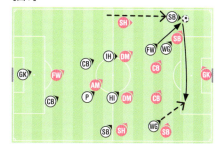

4-4ブロックに存在する5つのゲートの破り方

　4-2-3-1に限らず4-4-2でも同じですが、**4-4ブロック**を相手にした場合、ビルドアップで2列目を越える場合、5つのゲートが存在します。

　「ゲートの理論」(P.37)では、**サイドゲートとセンターゲート**について説明しましたが、4-4ブロックではさらに細かく分類して、タッチラインと⑱の間を**サイドゲート**、⑱とボランチ⑳の間を**インサイドゲート**、2人のボランチ⑳の間を**センターゲート**と呼びます【図1】。

【図1】

4-4ブロックの5つのゲートすべてに対してパスコースを作る必要があります【図2】。これらのパスの出し手と受け手を決めておくことが重要で、そこから陣形を組み立てていくのです。

【図2】

一番の急所となるセンターゲート、つまりバイタルエリア中央の偽9番(FW)へのパスは、ドリブルで持ち上がった(CB)、または(CB)から横パスを受けたピボーテ(P)が出し手になります【図3】。(FW)が偽9番ではない場合、トップの位置で(CB)を引き付、(WG)が横方向に加速しながらインサイドゲートを越えるパスを受けて、そこから崩す方法もあります【図4】。

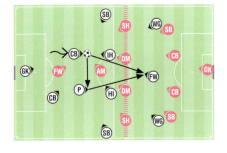
【図3】

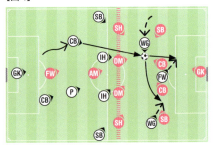
【図4】

(CB)がボールを持って「**八の字のドリブルコース**」（P.53）で広がるようにドリブルしている場合は、センターゲートを越えるのは難しくなります。そして、インサイドゲートを狙っても(SH)がゲートを狭めてしまった場合は、サイドゲートが広がるので、さらに八の字に運んで、サイドゲートを越えるパスを高い位置に上がった(SB)に出します【図5】。このように2列目の5つのゲートを越えてビルドアップを行っていきます。

【図5】

フィニッシュでは相手のDFラインを越えることを目指します。タッチラインと**SB**間が**サイドゲート**、**SB**と**CB**間が**インサイドゲート**、2枚の**CB**間が**センターゲート**になります【図6】。

味方を誘導するパス（P.210）で偽9番**FW**が走り込み、**WG**が中でアーチラインで走って受ける場合は、センターゲートを越えるパスを出します【図7】。

センターゲートが狭められた場合は、偽9番**FW**がもう少し横方向にドリブルしてインサイドゲートを越えるパスを出し、**WG**または**SB**が受けます【図8】。

SBにインサイドゲートを狭められた場合は、バイタルエリアを偽9番**FW**がさらに横方向にドリブルして、サイドゲートを越えるパスを**SB**に出します【図9】。

【図6】

【図7】

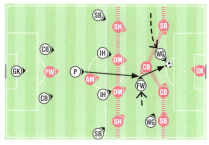

【図8】

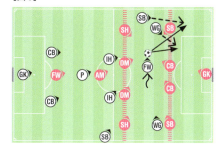

このようにビルドアップでもフィニッシュでも、すべてのパスコースに対して**出し手は誰か**、**受け手は誰か**、**どのようなパスを出すのか**、ということをイメージすると、崩すためのボールの経路が見えてきます。

【図9】

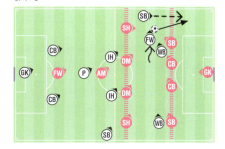

4-2-3-1に対するプレス

4-2-3-1に対して4-3-3で対峙した場合、【図1】のようなマッチアップになります。相手1トップ (FW) に対して2枚の (CB)、競り合うストッパーとカバーリングするスイーパーで対応します。

「4-2-3-1のウイークポイント」(P.205)でも触れた通り、4-2-3-1はビルドアップ時にカバーシャドウで縦パスのコース

【図1】

を切りながらプレスアップされるのが苦手な陣形です。ボールを持った (CB) には (FW) がプレスアップし【図2】、もう1人の (CB) に横パスを出したら (IH) がカバーシャドウしながらプレスアップします【図3】。

【図2】

【図3】

(CB) がドリブルでかわしてくるならば、マークを受け渡してピボーテ (P) がボランチ (DM) をマーク、(CB) がトップ下 (AM) をマークする位置に移動し、オールコートマンツーマンに持っていきます。この時、2枚の (CB) のうちストッパーが前に出ていくようにします【図4】。

【図4】

4-2-3-1に対するブロック

4-2-3-1が攻め込んできた際に気を付ける点は、トップ下 AM をピボーテ P がしっかりマークすることです。そのためブロックの局面の陣形としては、4-3-3系の4-1-4-1が適しています【図1】。

4-2-3-1に質的有利を持ったWG的な SH がいるならば SB と WG のダブルチームで止めにいきます【図2】。

【図1】

すると SB はフリーになるのでアーリークロスを狙い、同時に相手が**トップ流れとトップ下の飛び出し**を仕掛けてきます。この時にピボーテ P がトップ下 AM の侵入経路を塞ぎ、残った CB と一緒に潰すようにします【図3】。

【図2】

【図3】

4-1-4-1のピボーテ P は前後にある4枚の列を補足する役割があります。相手の FW がサイドに流れても、ピボーテ P がカバーリングできるので CB は激しくマークにいくことができます。

同様に相手 CB がボールを持っている場合にも、ピボーテ P がカバーリングできるので IH が激しくマークにいくことができます。

なので、4-2-3-1に対峙する場合はピボーテ P の守備能力の高さが求められ、対人能力だけでなくカバーリング能力も必要になります。

第4章　8つの陣形

4-3-3

4-3-3の特徴と歴史

最近のサッカー界の陣形は4-4-2、4-2-3-1、3-4-3など多様化していますが、4-3-3は主要な陣形の1つです。

4-3-3が注目される理由は、4-2-3-1の守備時のウイークポイントであるバイタルエリアを管理するピボーテ **P** を置いたことです。4-2-3-1は4-4-2の派生形でしたが、それをさらに進化させた形と言える陣形です。

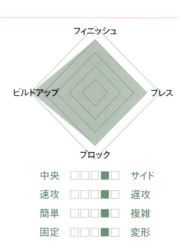

赤チームが4-3-3。赤く塗った部分が4-3-3の攻撃におけるキースペース

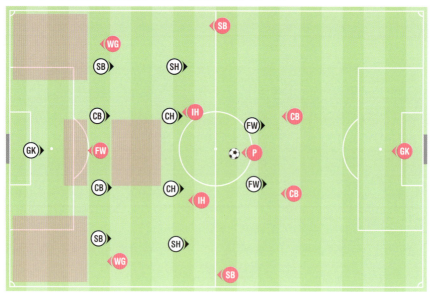

4-3-3の特徴は中央に6枚、それを三角形ベースで配置していることです。これは守備時に大きな役割を果たします。相手から見ると、パスの侵入経路がすべて斜めになってしまうのでパスを通すことが難しくなります【図1】。4-2-3-1と4-4-2も中央に6枚で守っていますが配置が四角形なので、縦または横からパスを入れることができます【図2】。ここが大きな違いです。

【図1】4-3-3は三角形ベース

【図2】4-2-3-1や4-4-2は四角形ベース

白い部分が4-3-3を攻略するためのキースペース

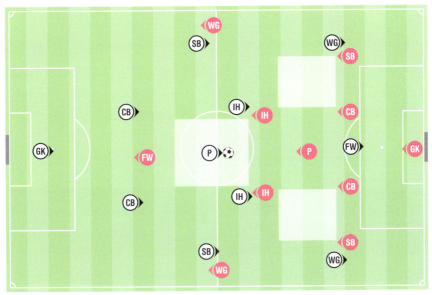

4-3-3のストロングポイント

　中央の6枚が三角形である守備の堅さに加え、4-3-3は役割分担が明確になることも強みです。2トップの相手に3バックに変形する場合、4-2-3-1ならばダブルボランチのどちらが下りて対応するかが問題となりますが、4-3-3ではピボーテ P が担当すると決まっているので迷うことがありません【図1】。また、GK がボールを持った場合でもピボーテ P が中央のパスの受け手となることができます【図2】。

【図1】　　　　　　　　　　　　　【図2】

　そして、守備専任のピボーテ P がいるおかげで IH は2人とも攻撃に出ることができます。これも役割分担を明確にしていることのメリットです。

　4-3-3は攻撃のバリエーションも多彩です。WG がボールを持った時、バイタルエリアにトップ下がいないのでスペースを利用してカットインできます。このスペースは FW が偽9番として下りて利用することも、IH が上がって使うこともできます。バイタルエリアをさまざまな選手が多角的にアプローチできるのです。

　トップ下がいないので、4-2-3-1のようなトップ流れとトップ下の飛び出しは難しいのですが、WG がボールを持った時にトップが流れて逆サイドの WG がクロスを受けるという攻撃は可能になります【図3】。つまり、WG の攻撃力を最大限に活かせる陣形なのです。

【図3】

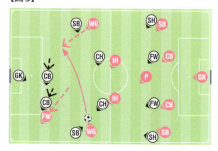

4-3-3が4-4-2に対峙した場合、ピッチを縦のレーンで見ると4-4-2は4レーンですが、4-3-3は5レーンになるので、(GK)からピボーテ(P)へのパス、そしてピボーテ(P)から(FW)へのクサビのパスコースも生まれます【図4】。

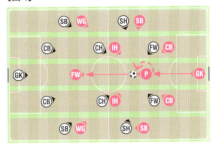

【図4】

4-3-3は人の配置バランスが良いので、選手の個性を活かした動きが可能になります。例えばダブルボランチと違い、ピボーテ(P)の両脇にはスペースがあるので、(SB)が偽SBとして中に絞ることもできます。偽SBは攻撃時にサイドに張った(WG)の内側を使うこともできるほか、守備では中央を固めるという役割も果たします【図5】。もちろん、カットインするタイプの(WG)の場合は、(SB)は外のレーンを使ってオーバーラップを仕掛けることもできます。

【図5】

守備時には(SB)と(WG)が下がることで4-1-4-1ブロックを作れるので、縦横のパスで攻撃する相手にとっては中央を崩すことが難しくなります【図6】。また、(CB)が出ていった場合でも、ピボーテ(P)がすぐにカバーに入れることも強みです。

【図6】

プレスにおいても相手(CB)がボールを持っている場合、(WG)や(IH)がプレスアップできるので相手は両方に対応しなければなりません。(IH)がプレスに出た穴はピボーテ(P)がカバーに入れます。

このように攻撃でも守備でも、万能な陣形と言えるでしょう。

4-3-3のウイークポイント

　4-3-3は万能であるがゆえにトップ流れとトップ下の飛び出しのような「これ!」という攻め筋がないことが、あえて言うならば欠点となります。トップ下がいないため、トップ下へのパスをスルーしてFWからのレイオフなどの連携技を使うことができません。

　守備では中央は6枚で強いのですが、サイドは2枚ずつなのであまり強くありません。ただし、これも3-4-3以外はサイドの枚数は同じなので、決定的な弱みとはならないでしょう。

　一番の問題点は、**戦術理解が4-2-3-1に比べて難しい**ということになります。例えば、バイタルエリアに入った相手に対して **CB** が出ていった場合【図1】、ピボーテ **P** がカバーするという約束事を守る必要があります【図2】。そのため、ピボーテ **P** が欲を出してゴールを狙いに上がり、戻らなかった場合は陣形が崩れてしまいます。

【図1】　　　　　　　　　　　【図2】

　つまり、絶対的な守備力を持つピボーテを必要とすることと、全体の戦術理解度が高くなければ4-3-3は機能しないということがウイークポイントとして挙げられます。

4-3-3の判別方法

　ここからは**4-3-3を相手にした場合**を説明します。相手の陣形が4-3-3であるか判別する方法は、DFラインを見て4バックであるか、トップの枚数を見て1枚であるか。

次に中盤の形を見ます。4-2-3-1との違いは三角形か逆三角形かというところです。味方のピボーテⓅをマークするトップ下がいなくて、味方のⒻⓌをマークするピボーテⓅがいるならば、中盤が逆三角形なので4-3-3と判別することができます【図1】。

4-3-3のプレスに対するビルドアップ

4-3-3に対するビルドアップについて、相手が激しくプレスにくる場合と4-1-4-1に変形してブロックを作っている場合の2パターンに分けて説明します。まずは4-3-3が激しくプレスにくる場合から。

ⒸⒷがボールを持っている状態で4-3-3がプレスをかけてくる場合、基本的にⒻⓌがピボーテⓅをマークした状態から、もう1人がプレスに参加してきます。そのパターンとしては2つあり、ⒾⒽが上がって4-4-2を形成する**中盤前進型プレス**で【図1】、もう1つはⓌⒼがプレスにくる**サイド前進型プレス**と呼ばれる形です【図2】。

【図1】

【図2】

中盤前進型プレスでは、ⒻⓌがカバーシャドウでピボーテⓅへのパスコースを切り、ⒾⒽが逆サイドのⒸⒷをマークしにきます。そうなったらⒸⒷはⒼⓀにパスを出します。両

CBは相手の2トップ（FWとIH）を引き付けながら開き、ピボーテPが中盤から下がって3バックを作ることでプレスを回避することができます【図3】。

サイド前進型プレスはリバプールが得意としていたので、私は「**リバプール式プレス**」と呼んでいます。CBがボールを持っている時にWGがSBにカバーシャドウをしながらCBへプレスをする形です【図4】。GK、CB、SBが一直線に並んでいるとCBがGKに戻してもWGは加速したままGKまでプレスをかけてきます【図5】。この状態でのビルドアップは難しいように思いますが、回避方法はいくつかあります。

【図3】

【図4】

【図5】

1つ目は、上手いGKならばプレスにくるWGを十分に引き付けた上で、SBへ一発で合わせるパスを出す方法です【図6】。

GKにその技術がなかったり、リスクが高かったりする状況ではCBからGKに出さず、CB→IH→SBとパスを回してクリアする方法もあります【図7】。ただ、この方法ではIHの技術の高さが求

【図6】

められます。万が一奪われたら(SB)が広がっている状況で相手の両(WG)が出てきていますので非常に危険です。

別の回避方法として、一直線になっていた(GK)、(CB)、(SB)の位置関係を変える方法があります。ボールを持った(CB)が深い位置を取って三角形を作ります。こうすれば(WG)は一直線にプレスする

【図7】

ことができなくなり、(CB)→(GK)→(SB)とパスを出すことが可能になります【図8】。また、(CB)が(GK)にパスを出すと見せかけたキックフェイクを入れて、(WG)を逆重心にして(CB)から(SB)へパスを通すこともできます【図9】。(WG)は最短距離ではなく大回りする上、戻る距離も長くなるので疲弊します。

【図8】
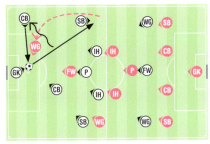

【図9】
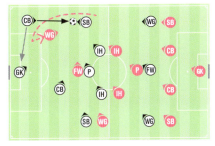

さらにもう1つの解決策を紹介します。これはGOAT FCでしかやっていないのですが、実際の試合で成功させているビルドアップ方法です。(CB)がボールを持っていて(WG)がプレスにきた時、逃げるように逆サイドにドリブルで運びます【図10】。(CB)は(WG)を限界まで引き付けてから(GK)へパスを出し、ボールを受けた(GK)

【図10】
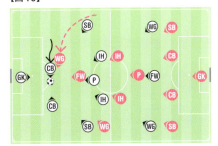

は CB と入れ替わるようにドリブルして、SB へパスを出します【図11】。CB がドリブルをしている時、逆サイドの CB も同じように WG を引き付けておけば、CB から逆サイドの SB へのパスを通すことも可能になります。このように WG の移動ベクトルに乗っかるように、CB が WG と同じ方向に移動すると、相手は困ってしまうのです。

【図11】
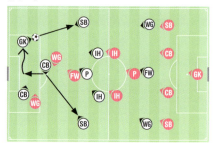

4-1-4-1ブロックに対するビルドアップ

次に、相手が4-3-3から4-1-4-1に変形してブロックを作っている場合のビルドアップについて説明します。

CB が2枚で相手 FW は1枚なので2対1の数的有利ができます。そのため1トップをかわすのは簡単ですが、すぐに IH がプレスにきます。なおかつ FW がカバーシャドウでピボーテ P を抑えてくれば、CB はドリブルで上がってもピボーテ P に横パスを出せません【図1】。

【図1】

4-3-3に対するビルドアップには、**サイドビルド**と**センタービルド**があります。まずはサイドビルドから説明します。ボールを持った CB は八の字のドリブルコースで運び、3つのパスコースを作ります【図2】。サイドで3バックビルドのような形を作るのです。ゲート間でのパスの受け手はチームによって WG が入ることもありますが、ここでは IH が受けるとします。この時 WG と IH に対して、CB、SB、P、IH がダイヤモンドの形を作れます【図3】。

4-3-3

【図2】

【図3】

4-1-4-1の中央は三角形で守れていますが、サイドは四角形になっています。なので縦パスを警戒してⓌⒼとⒾⒽはインサイドゲートを狭めてきます。するとサイドゲートが広がるので、ⓈⒷへパスを通します【図4】。ⓌⒼが寄せてきたらⓈⒷはいったんⒸⒷへ戻し、広がったインサイドゲートの間を突いてⒾⒽへの縦パスを通します【図5】。

【図4】
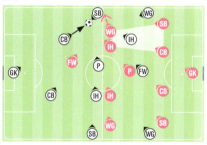

【図5】

サイドビルドにはもう1つ形があります。パスを受けたⓈⒷにⓌⒼが寄せてきた時、ⓈⒷは引き付けてから縦にパスを出し、そこへⒾⒽが走り込みます【図6】。ⓌⒼの方が移動距離の長いⒾⒽよりもボールに近いのですが、パスは初速の方が速いのでⒾⒽだけが追いつけるボールスピードでパスを出すのです。チップキック

【図6】

でもいいでしょう。IHは前方向には進めないのでヒールキックで落とし、それをSBがワンツーで前向きに受けます【図7】。これは「三角形の反転」(P.120)を応用したプレーです。

【図7】

次に**センタービルド**です。ボールを持ったCBが意識すべきことは、少しドリブルをするなどしてFWをおびき出すことです【図8】。FWを引き付けたら速い横パスを逆サイドのCBへ出します【図9】。

【図8】

【図9】

パスを受けたCBはダイレクトでピボーテPにパスを入れます。CBに横パスが出た時点で、ピボーテPはCBからのパスをイメージしたポジションを取っておくことが重要です。**相手のセンターゲートに近い位置を取り**、なおかつ相手のピボーテPの脇に「くの字のパス」を出したいので、体の向きをパスの出し先（ここではIHの方向）へ向けた状態で、パスを受けるようにします【図10】。

【図10】

4-3-3に対するフィニッシュ

　サイドビルドでバイタルエリアに入ると、相手の四角形には**責任の分散**（P.115）が生まれます。お見合いが発生したならば、ボールを持った⑤Bは逆サイドの裏に展開するなど、フリーでパスを出せます【図1】。⑤Bに対し、ピボーテ🅿が寄せてきたら🄵Wがフリーになるので⑤B→🄵W→🅆G（またはサイドに流れた㊊H）という「**くの字のパス**」を出すことができます【図2】。

【図1】　　　　　　　　　　　【図2】

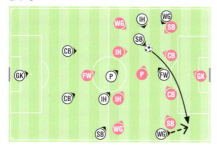 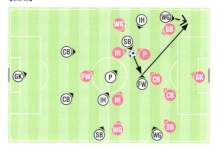

　三角形で守る4-3-3（4-1-4-1）に対してはピボーテ脇がキースペースとなるので、斜めに入る「くの字のパス」が非常に有効です。ピボーテの脇とは、🄲B、⑤B、🅆G、㊊Hを線で結んだ四角形の中心でもあります。このスペースにいかに入れるか、特にピボーテの両脇に入り込めれば、さまざまな「くの字のパス」を通すことができるようになるのです。

　センタービルドによって🄲B→ピボーテ🅿→㊊Hという「くの字のパス」を使って㊊Hがバイタルエリアでパスを受けた場合は、少し下がって相手のピボーテ🅿を引き付け、逆サイドの㊊Hもピボーテ脇に位置を取ることによって㊊H→㊊H→🄵Wという「くの字のパス」を通すことができます【図3】。

【図3】

また、逆サイドのピボーテ脇にFWが流れた場合はIH→FW→WGという「くの字のパス」や【図4】、IHとFWでのワンツーパスも可能です【図5】。この時、重要なことはIHからの最初のパスを受けたFWはダイレクトでパスを出すことです。

【図4】
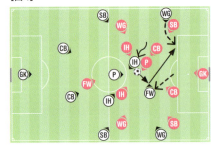

【図5】

ピボーテ脇を取ったIHからいったんピボーテPに戻す場合は、「Vの字のパス」を逆サイドのピボーテ脇に通すこともできます【図6】。ピボーテPが高い位置を取っていれば、ピボーテ脇の選手と繋がることができるのです。

「Vの字のパス」は連続で何度も出せる上、相手はIHとCBがピボーテ脇に対応しなければならず、ピボーテPは左右に揺さぶられます。しかし、ダイレクトでの「Vの字のパス」は3人で寄せても捕まえることが難しいので、ピボーテPが食い付いた瞬間に逆サイドのピボーテ脇の選手(ここではFW)が「くの字のパス」を受けて最終ラインを突破することが可能になります【図7】。

【図6】

【図7】

4-3-3(4-1-4-1)は堅く守れる陣形ですが、数少ないウイークポイントであるピボー

テ脇を突くことで三角形の位置を動かし、ピボーテ脇を取った選手にボールを集中させることで攻撃側の他の選手がフリーになって崩すことができるのです。

4-3-3に対するプレス

能力の高いWGがいるならば、SBへのマークを捨ててCBへ一直線にプレスをかけて奪ったり【図1】、慌てた相手のパスをIHが拾って前残りしたWGに渡せたりできれば、決定機が訪れます。同様に能力の高いIHがいるならば、相手CBがパスを受けるためにヘッドダウンした瞬間をねらってプレスをかけます。

しかし、IHやSBが高い位置を取っているならば、それをマークしているIHやWGが長い距離を走ってプレスアップしても効果がありません【図2】。

【図1】

【図2】

リードしている状況などで、より安定的に持っていくならば4-4-2に変形して、相手にGKへのバックパスをさせるような面倒くさいロジックを与えることもひとつの手です。FWがピボーテPを抑えつつ、IHがCBに対してプレスアップし、IHが守っていた位置にピボーテPが入るという形です【図3】。

【図3】

4-3-3に対するブロック

　4-3-3の相手が自陣まで攻め込んできた局面では、守備能力の高いピボーテ🅟がいるなら4-1-4-1ブロックを作るのがベストです。この場合、4-3-3とのミラーゲームになるので警戒すべきはピボーテ脇になります。例えば、🆆🅶がカットインしてピボーテ脇でボールを受けたとします。ここで🅲🅱が出ていくと裏を取られかねないので、バイタルエリアの横方向への経路はピボーテ🅟が塞ぐようにします【図1】。その上で、🆆🅶が縦に入ろうとするならば🅲🅱が対応します【図2】。

【図1】

【図2】

　ブロックで重要なことはゴールを守ることです。なので、🅸🅷はダブルボランチとしてスペースを消すように圧縮し、DFラインとMFラインの距離を縮めます【図3】。ライン間を圧縮すれば、🅸🅷がピボーテ脇でボールを受けても🅸🅷または🅲🅱が対応でき、ピボーテ🅟は数歩動くだけでカバーリングが可能になります【図4】。

【図3】

【図4】

Column ゾーンコントロール

　相手のFWライン、MFライン、DFラインの3列でピッチを区切った時、4つのゾーンができます。これらを自陣からビルドゾーン、ボトムゾーン、バイタルゾーン、裏と呼んでいます【図1】。

　各ゾーンの広さはボールに合わせてラインが動くことで変動します。例えば、ボールがビルドゾーンからボトムゾーンに入ったら相手のMFラインが寄せてきますのでボトムゾーンの面積が狭くなり、ビルドゾーンとバイタルゾーンの面積が広くなります。このようにボールがあることで狭くなるゾーンを縮小ゾーン、反対にボールがないことで広がるゾーンを拡大ゾーンと呼びます【図2】。拡大ゾーンにボールを入れれば、今度はそこが縮小ゾーンになるので、これを繰り返します。

【図1】
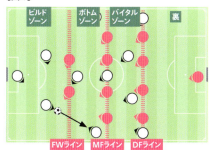

【図2】

　最終的には拡大ゾーンになったバイタルゾーンにボールを入れ【図3】、縮小ゾーンになったところで拡大ゾーンとなった裏にボールを入れてシュートを狙います【図4】。

【図3】
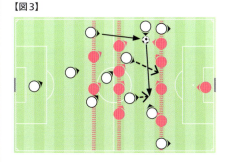

【図4】
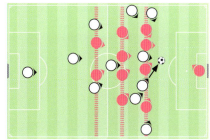

第4章　8つの陣形

4-4-2

4-4-2の特徴と歴史

1980年代から90年代にかけてゾーンディフェンスの概念が生まれた時代に、4-4-2は繁栄した陣形です。

ゾーンディフェンスに適した理由は人の配置にあります。4-1-4-1や4-4-1-1ではピボーテやトップ下など、列を1人で構成する箇所があり、それが圧縮し切れない原因となります。配列の複雑さや戦術理解の難しさが出てくるのです。

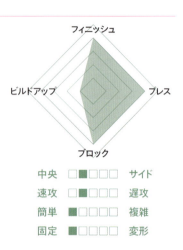

赤チームが4-4-2。赤く塗った部分が4-4-2の攻撃におけるキースペース

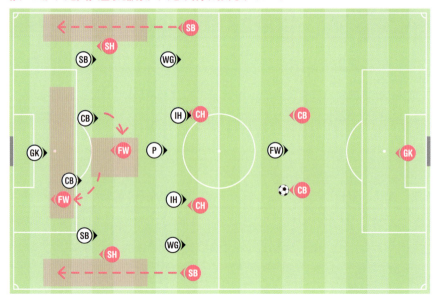

232

それに対し、4-4-2は四角形を並べる構造なので圧縮しやすく、指導も容易なので高校サッカーなどにも多く用いられています。攻撃時には広く、両サイドは上がる【図1】。守備時には狭く、両サイドは下がる【図2】。ロングボールを背の高い2トップ FW に当てて、そのこぼれ球を拾う。指導内容は非常にシンプルです。

シンプルがゆえにフィジカルやテクニックなどが重視される傾向がありますが、それをシステム的に戦術に落とし込むチームもあります。

【図1】　【図2】

白い部分が4-4-2を攻略するためのキースペース

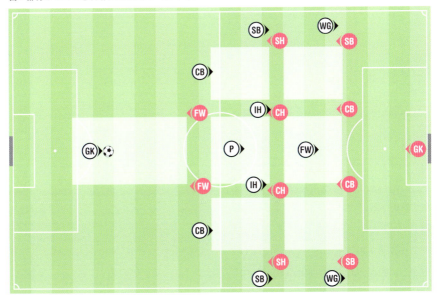

4-4-2のストロングポイント

守備時に凸型の隊列を最小限に圧縮できることが4-4-2の一番のメリットです。そして、そのコンパクトな隊列を作ったらブロック崩しゲームのように、来るボールを跳ね返していくイメージです【図1】。ゴールを中心に、凸型の隊列を左右にスライドさせていくことが4-4-2の守り方になります【図2】。

【図1】

【図2】

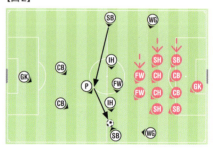

圧縮の密度を高められる上、ブロックの形成速度は速く、精度も高くできることが4-4-2の最大のストロングポイントになります。

4-4-2のウイークポイント

一方で攻撃に転じる際には、圧縮した隊列を開放するのに時間がかかります。攻撃時にはチームスペースを広くとってパスを回したいのですが、その形にすることが難しいのです【図1】。さらに四角形の中央に入れられると、4方向からパスを入れられてしまうことも、ウイークポイントとして挙げられます（P.118）。

【図1】

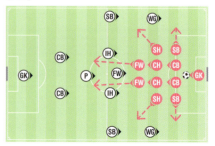

4-4-2の判別方法

ここからは4-4-2を相手にした場合を説明します。相手の陣形が4-4-2であるか判別する方法は、まずは4バックであるかを見ます。次にトップの枚数を見て2トップであれば4-4-2か4-4-2ダイヤの2択になります。そしてサイドに2人いれば4-4-2です【図1】。

【図1】

4-4-2に対するビルドアップ

4-4-2の相手に対して理想の陣形は3-4-3ダイヤになります。1980年代から90年代にかけて4-4-2が全盛だった時代、4-4-2に対して勝ち続けたのがヨハン・クライフ監督率いるFCバルセロナ。その陣形が3-4-3ダイヤでした。

スタートが3-4-3ダイヤでなくても、ポジションを移動して変形することで4-4-2に対する最適な陣形を作ることができます。変形にはさまざまな方法がありますが、例えば4-3-3の場合はピボーテ(P)が落ちて、2枚の(CB)が広がります。(SB)は(WG)の位置まで上がり、(IH)の1人がピボーテ(P)の位置に入ります。(WG)の1人が(IH)の位置に入り、もう1人の(WG)がトップ下に入ります【図1】。なお、スタートの陣形から変形していても、以下の説明でのポジション名は3-4-3ダイヤで表記します。

4-4-2は3列で守る陣形ですが、3列のライン間に位置するセンターの(CB)、ピボーテ(P)、トップ下(AM)がキーマンになります。

【図1】

第4章　8つの陣形

相手の2トップに対し、3枚の⒞⒝とピボーテ⒫でダイヤモンドを形成します。センターゲートを締めてくればサイド⒞⒝に出せますし、センターゲートが空いたら⒞⒝からピボーテ⒫にパスを通し、サイド⒞⒝が上がって横パスを受けられます【図2】。

前向きにボールを受けた⒞⒝の前にはサイドゲート、インサイドゲート、センターゲートがありますが、それぞれに⒲⒢、⒤⒣、（ピボーテ⒫経由で）トップ下⒜⒨をパスの受け手として配置できます【図3】。

【図2】

【図3】

4-4-2には四角形が4つできます。この中央へ相手に入り込まれると、4方向からパスを通されてしまいます【図4】。この4-4-2のウイークポイントを突く上で、最適な陣形が3-4-3ダイヤということになるのです。

4-4-2の⒮⒣がプレスアップにきたら、

【図4】

【図5】

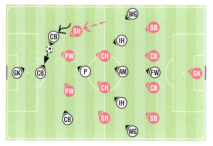

【図6】

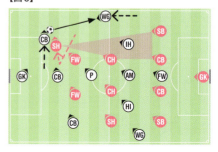

サイド🅒🅑はボールを持ったまま中にドリブルし【図5】、スイッチしてボールを受けたセンター🅒🅑が🆆🅶にパスを出すことができます【図6】。相手の四角形は🆂🅷が上がったことで大きくなり、変形もしているので、そのスペースを突くことでより崩しやすくなります。

コンパクトな凸型の陣形を保っていた場合は、ボールを繋いでサイドチェンジを繰り返します。サイドチェンジをすると、ニアサイドの守備者は激しく寄せますが、ファーサイドはそれほど積極的には動きません【図7】。なおかつ守備者（ここでは🆂🅱）はボールとゴールを結んだ線上を守るのでそれを基準にラインは下がります【図8】。さらにサイドチェンジを行えば、ニアサイドになった守備者がボールとゴールを結んだ線上に立ち、それを基準にさらにラインが下がります【図9】。これを繰り返すことで少しずつラインは下がり、ニアサイドとファーサイドの積極性の違いにより全体が間延びしていきます。間延びしてくると四角形の中を通してサイドチェンジできるようになり、スルーパスを警戒する相手はラインを上げられなくなります。

このようにサイドチェンジによる攻撃は4-4-2に限らずコンパクトなブロックへの対策ですが、その代表となる4-4-2に対するビルドアップとしては有効な方法になります。

【図7】
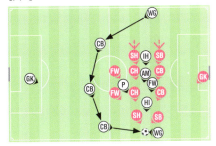

【図8】

【図9】
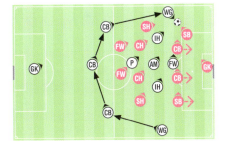

4-4-2に対するフィニッシュ

四角形を並べてバランス良く守備ができる4-4-2ですが、圧縮できないといたるところに穴ができ、どこからでも崩せる陣形とも言えます。バイタルエリアの四角形でボールを受けられれば崩せますし、**トップ流れとトップ下の飛び出し**も使えます【図1】。

4-4-2でもハイラインで守る相手に対しては、発射台となるCBのキック精度が高ければDFラインの裏にロングフィードを蹴るのもひとつの手です。その場合、対角フィードが有効です。GKもニアサイドにポジションを取っているので、前に出てクリアすることが難しくなるからです【図2】。

【図1】

【図2】

4-4-2に対するプレス

3-4-3ダイヤで守備をすることを想定して説明します。2トップFWに対して3枚のCBで対応しますが、サイドにスペースができるので、SHが出てくると危険です。理想的には、WGがサイドに張りっぱなしで比較的体力の消耗が少ないので、下がって対応すべきです【図1】。

【図1】

2枚の CB に対しては、FW とトップ下 AM を2トップにしてマークします。両 SB がフリーになるので、SB にボールが入ったら WG がプレスアップします【図2】。SH へのマークはサイド CB、FW へのマークはセンター CB がスライドしてカバーし、センター CB のカバーはピボーテ P が入ります【図3】。

【図2】

【図3】

この形になれば SB から CB を経由できなくなるので、サイドチェンジは GK 経由、または逆サイドの SB への難しいロングパスになります。サイドチェンジされたとしても時間がかかるので、その間に逆サイドの WG が SB にプレスアップすることができます。

4-4-2に対するブロック

ブロックの際には絶対に同数で守らないことです。4-1-4-1などで守る場合は、ピボーテ P を CB の間に下げて3バックを作るべきです【図1】。

なお、3-4-3ダイヤでは WG も最終ラインに下げて5バックを作る方法もありますが、その場合はトランジションが発生してもカウンターがやりにくくなってしまいます。

【図1】

第4章　8つの陣形

4-4-2 ダイヤ

4-4-2 ダイヤの特徴と歴史

8つの陣形の中でも他とは違う特徴を持った陣形です。その最たるものがサイドに守備者が1枚しかないこと。サイドが一番薄い陣形ですが、逆に中央は一番厚くなります。WGを置かないこともあり、中盤にタレントが多いチームに採用されることが多く、2トップ FW、トップ下 AM、IH、ピボーテ P の6人の創造性で攻撃し、最終ラインの4人と攻守を分担しています。

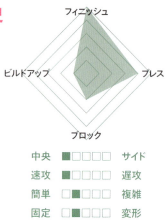

赤チームが4-4-2 ダイヤ。赤く塗った部分が4-4-2 ダイヤの攻撃におけるキースペース

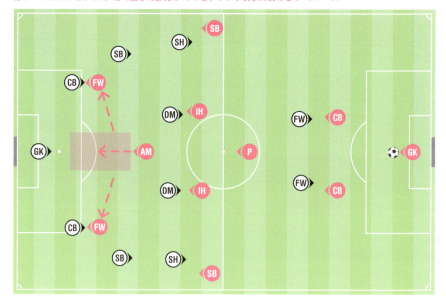

240

4-4-2ダイヤは奇襲戦法的な陣形とも言え、いわゆる「**殴り合い**」に持ち込みたいチームが使うこともあります。中央では圧倒的な強さを見せる一方、サイドにWG適性を持った選手がいないため、誰がそこを使うのかということが問題になります。

一方、4-4-2ダイヤを相手に攻撃する場合、中央で繋ぐことはほとんどできなくなります。ポゼッションによる遅攻を得意としているチームにとっては、やりにくい陣形の筆頭です。

使うチームがあまりにも少ないので本書では8つの陣形に含めませんでしたが、**クリスマスツリー**と呼ばれる4-3-2-1という陣形があります【図1】。この4-3-2-1も中央に創造性を持った選手を置きながらサイドを使う選手がいないという意味では4-4-2ダイヤと同じ系統の陣形になります。

【図1】クリスマスツリー型の4-3-2-1

白い部分が4-4-2ダイヤを攻略するためのキースペース

4-4-2ダイヤのストロングポイント

4-4-2ダイヤは、繋ぐサッカーをしてくる相手には強さを発揮します。例えば4-3-3の相手には⒞を2トップ⒡が抑え、ピボーテ⒫もトップ下⒜が、⒤は⒤が抑えて中央は完全に封鎖してしまいます【図1】。

唯一フリーになれるのは⒮ですが、ボールが渡ったとしても中央には出すところがなく、逆サイドの⒮にロングパスをするしかありません。これを成功させるのは難しいので、4-4-2ダイヤに対するビルドアップは難しくなります。

もうひとつ守備の強みとしては「T字ブロック」によってDFラインを4枚揃え、1-2-1-2の前線4列はワイパーのように左右にスライドして、繋ぐ相手を追い詰めます【図2】。

繋げなくなった相手はロングボールを蹴ってきます。しかし、4枚のDFラインに加え、ピボーテ⒫もいるのでロングボールに対しても対応できます【図3】。

攻撃においては、サイドや中盤を使わずとも最終ラインから⒡にロングボー

【図1】

【図2】

【図3】

ルを入れれば3対3の状況で競り合うことになります。2トップ⒡やトップ下⒜にタレントが揃っていれば、落としたボールを拾ってシュートに持ち込めます。このように4-4-2ダイヤは手数をかけずにフィニッシュにいくことができるという強みがあります。

4-4-2 ダイヤのウイークポイント

　逆に言うと、4-4-2ダイヤは時間をかける攻撃には向いていません。そして、守備においてはフリーになるⓈⒷ同士でのサイドチェンジを繰り返し成功されてしまうと、**T字ブロック**のワイパー部分は何度もスライドしなければならないので、体力的にきつくなります【図1】。相手ⓈⒷの能力が高く、サイドチェンジのロングパスを胸トラップで収めて、逆サイドのⓌⒼに対角フィードを入れられると危険な状況に陥ります【図2】。また、引いた時のブロックにおいても弱みがあります。サイドを誰が守るかという問題は残ったままなので、相手がサイドのキースペースに入ってアーリークロスを上げようとした際、止めにいく選手がいないという状況になります。

【図1】

【図2】

4-4-2 ダイヤの判別方法

　ここからは4-4-2ダイヤを相手にした場合を説明します。相手の陣形が4-4-2ダイヤか判別する方法は、まずは4バックであるか、2トップであるかを見て、サイドにスペースが空いていて中央に選手が集中しているならば4-4-2ではなく、4-4-2ダイヤだと判別できます【図1】。

【図1】

4-4-2 ダイヤに対するビルドアップ

4-4-2ダイヤの場合、前半の早い時間に点をとって逃げ切ろうとするゲームプランのチームが多く見られます。4-4-2ダイヤに対して、いつも通りのビルドアップをしようとすると、中央でマンマークを仕掛けられて遮られて引っかかり、そこから奪われて失点するパターンです。

4-3-3ならば、**V字のパス**を通せればビルドアップがスムーズになります。そのためには、相手がマークオンの状態で ⓒⒷ が開いて深い位置まで下がります。そうすれば、ⒼⓀ が一歩前に出て蹴るだけで ⓈⒷ にゴロパスが通ります。こうなれば相手は捕まえることができませんので、まずこの形を作ります【図1】。

【図1】

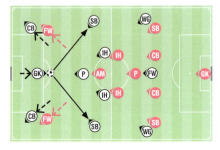

陣形によって、よりビルドアップを安定させるためにはピボーテ Ⓟ を下ろして3バックを作ります。しかし、トップ下 ⒶⓂ はフリーにしたくないので、ピボーテの位置に ⒾⒽ を置きます。そうなると最適な陣形としては、3-1-4-2（3-5-2）か3-4-3ダイヤになります。3バックとピボーテによるダイヤモンドは必須です【図2】。

【図2】

4-3-3でフリーになっていた両 ⓈⒷ の守備エリアは、3バックのサイド ⓒⒷ がカバーできるので ⒾⒽ と ⓈⒷ のマークに付き、トップ下 ⒶⓂ のマークに ⒾⒽ を置いて、相手のピボーテ脇に2人のFW役の選手（ここでは ⒻⓌ と ⓌⒼ）を配置します【図3】。

【図3】

そして、大事なことは4-4-2ダイヤに対しては**繋ぎ続ける**ことです。3-1-4-2に変形したならば、サイド(CB)が守備専門ではなく攻撃のキーマンの意識を持つ必要があります。繋ぐのは中央ではなく、外です。相手は**T字ブロック**なので、それを囲むように**U字のサイドチェンジ**でボールを回します【図4】。

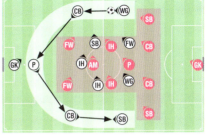

そうすることによってサイド(CB)を警戒し始め、開いて深い位置を取った時に(FW)を引き付けることができるようになり、(GK)または3バックに入ったピボーテ(P)からV字のパスが出せるようになります。V字のパスは(FW)が下りて受けたり【図5】、(WG)が受けて裏に(FW)が流れるという形が取れます【図6】。

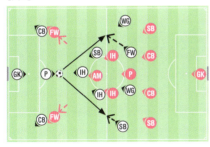

そうなってくれば、相手のトップ下(AM)や(IH)が前に出てくるので、ピボーテ脇を取った(FW)や(WG)へのパスコースが、ようやく生まれてきます【図7】。

4-4-2ダイヤは極端な陣形なので、ビルドアップもこのような極端なボール回しをする必要があるのです。いつも通りに繋ぐと、必ず痛い目に遭います。

4-4-2 ダイヤに対するフィニッシュ

ビルドアップに引き続き、最適解の3-1-4-2に変形した陣形で攻撃したという前提で説明します。サイドに開いた🆆🅶は🆂🅱をピン留めし、T字ブロック脇のスペースにはサイド🅲🅱と🅵🆆が入って、縦のパスコースを作ります【図1】。

パスを受けた🅵🆆からアーリークロスを入れますが、ターンしてそのまま入れると相手のDFラインが下がってしまい、裏抜けのスペースがなくなります【図2】。なので、🅵🆆は🆆🅶にいったん当ててバックパスをもらいます。そうすることによってDFラインが上がるので、その瞬間にダイレクトでアーリークロスを入れます【図3】。

【図1】

【図2】

【図3】

サイドチェンジし、サイド🅲🅱がドリブルで持ち上がれば、T字ブロックはワイパーのように寄せてきます。ピボーテ脇に入っている🆆🅶が相手のピボーテ🅿を引き付けられれば、もう1人ピボーテ脇に入っていた🅵🆆にパスを入れ、スルーパスで崩すことができます【図4】。

【図4】

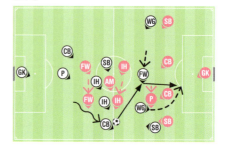

4-4-2ダイヤに対するプレス

4-4-2ダイヤは中央で繋ぐことが難しいので、中盤を省略してロングボールを蹴ってきます。その時に相手と同数では非常に危険です。対策としてはビルドアップと同様に3バックにしてピボーテの役割の選手（ここでは(IH)）を置くことです。その守り方を知っていれば、4-4-2ダイヤの相手は機能不全に陥ります【図1】。

【図1】

4-4-2ダイヤに対するブロック

上述の通り4-4-2ダイヤは繋ぐ攻撃よりも、ロングボールでフィニッシュに持ち込もうとします。もしも遅攻をしてくるとしたら、(SB)が上がってくるので、(WG)がそのままマークに付くようにします【図1】。(WG)が前残りしてマークを受け渡すという手もありますが、複雑な動きになるのでお勧めしません。

この時、2トップ（(FW)と(WG)）は前に残しておきます。(SB)が上がっている状況でトランジションが起きれば、相手唯一のサイドプレイヤーが不在になります。そうなれば(FW)がサイドに開き、そこへパスを通すことができます【図2】。

【図1】

【図2】

247

第4章　8つの陣形

3-4-3

3-4-3の特徴と歴史

1トップ＆2シャドーと言われる形です。1トップの落としを2シャドーとして AM が受けるほか、AM はサイドに流れることもあります。そのため、AM のプレーエリアは広くなります。

AM は中央にいれば2シャドーですが、サイドに開けばWG、守備時にはSHの役割を果たすというように、このポジションは3-4-3において変幻自在な立ち位置を取ります。

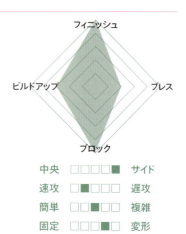

中央	☐☐☐☐■	サイド
速攻	☐■☐☐☐	遅攻
簡単	☐☐■☐☐	複雑
固定	☐☐☐■☐	変形

赤チームが3-4-3。赤く塗った部分が3-4-3の攻撃におけるキースペース

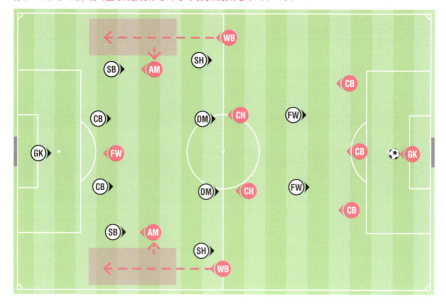

248

3-4-3

　サイド CB のプレーエリアも広く、サイドをカバーすることも多いポジションです。同じくプレーエリアが広い WB も加わって、状況によってはサイドに AM、WB、サイド CB と3枚配置して守れるので、サイドの守備が強いという特徴もあります。

　攻撃時は AM が中央とサイドに自由に動くほか、WB は高い位置までオーバーラップすることがありつつ【図1】、守備時にはDFラインのサイドに入り、5バックを構成します【図2】。

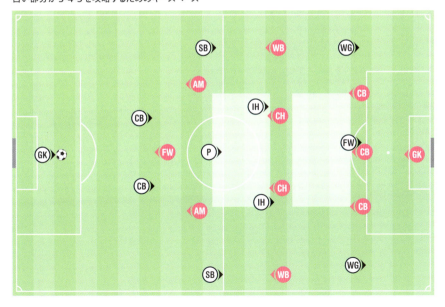

白い部分が3-4-3を攻略するためのキースペース

また、⓪は中盤にいればSH的な役割ですが、攻撃時にはWGに、守備時にはSBの役割を果たします。このようなことから、「つかみどころがない」と言われる陣形です。配置を少しずらすだけで変形が可能なので、汎用性は高いと言えます。

例えば、4-3-3の相手と対峙してプレスのフェーズにある時、⓪がWGとして機能している状況では⓪をマークし、⓪は下がって⓪をマークします【図3】。ただ、中央の守りが手薄になることが不安な場合は、⓪が相手ピボーテ脇を固め、⓪が⓪のマークに付いて、プレスの強度を高めます【図4】。

【図3】 【図4】

プレスの流れとしては、⓪にボールが渡ったら⓪がプレスアップし、⓪は⓪のマークに付いて、⓪はそれぞれボールサイドにスライドします【図5】。⓪がピボーテ⓪にパスを出したら逆サイドの⓪がプレスにいって展開を阻止しつつ、逆サイドの⓪も上がって⓪のマークに付きます【図6】。

【図5】 【図6】

前方へ展開できなくなったピボーテ(P)が逆サイドの(CB)にパスを出すならば、(FW)と(AM)がダブルチームでプレスにいき、囲い込みます【図7】。

このように、どのポジションがどう動くか分からない、という複雑性とオートマティズムのバランスが良い陣形です。

【図7】

3-4-3のストロングポイント

一番の強みは2シャドーとなった(AM)が、相手のピボーテ(P)脇を取れることです。相手が4-3-3の場合、3-4-3の三角形と4-3-3の逆三角形がかみ合わないのでマークすることができず、(FW)にクサビを入れて2シャドー(AM)に落とせば相手は対応できなくなります【図1】。また、(AM)を(SB)がマークするならばサイドにスペースができます。3-4-3では3枚の(CB)でしっかり守れるので、(WB)が高い位置に上がって攻撃参加できます。これもストロングポイントと言えます【図2】。

【図1】

【図2】

相手がボールを持っている時は、上述した通り(WB)が相手(SB)を、サイド(CB)が(WG)をマークすることで、オールコートマンツーマンに近い形を取れます。相手のピボー

テ P はフリーになりますが両脇を2シャドー AM が抑えている上、3対3の関係を作っているので相手のゾーン1では強くプレスにいくことができます【図3】。

相手が自陣に入ってきた場合でも、サイド CB が内側に絞って WB が最終ラインに下がり、 AM がSH的に中盤のサイドに入ることで、5-4-1という堅いブロックを作ることができます。

【図3】

5バックならばゲートをコンパクトに保てるのでサイドチェンジを繰り返されてもスライドが間に合います【図4】。バイタルエリアを使われた場合も CB がプレスアップし【図5】、そのカバーリングをしながら4-1-4-1ブロックで対応できます【図6】。

【図4】

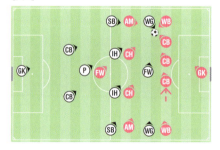

【図5】

このように5バックは**前進守備**が可能なので、最終ラインを5人で守り続けるのではなく1人が前進守備をし、その穴をスライドしてカバーリングすることが大事です。そうすればラインが下がることなく、相手の前進を許さない攻撃的な守備が可能になります。

【図6】

3-4-3のウイークポイント

　多彩な攻撃と変形の自由度の高さもあって、攻守においてストロングポイントが多い3-4-3ですが、一般的に複雑なシステムは指導することや選手の**戦術理解の難度が高くなる**ことがウイークポイントとして挙げられます。**WB**などは上下するだけと割り切った場合は、選手の個性や強みを活かしにくくなります。

　選手のパーソナリティで言えば2シャドー**AM**の選手がWGタイプだった場合、トップ下に入ったり、下がってSH的役割を果たしたりする場合、その選手のプレースタイルを適合させることが難しくなります。どこでもこなす器用な選手が11人欲しくなる陣形であり、各ポジションの専門職的な選手が多く存在すると3-4-3で試合に臨むのは難しくなります。

　ポリバレント性、ユーティリティ性の高い選手と表現されることがありますが、選手のバロメーターをレーダーチャートで表した場合、すべてが平均点以上の才能を持つ選手に向いており、ベンチを含めて在籍する選手の質が求められる陣形です。

　また、2人の**CH**には高い守備力が求められます。安易に攻撃参加に加わると、元々2枚しかいない中央に穴ができ、そこを突かれることになってしまいます。もちろん、**AM**がサイドに開いている場合など、相手のピボーテ**P**に対して出ていかなければならない状況もあります。その際には高い強度やセンス、判断力を求められます【図1】。

【図1】

3-4-3の判別方法

　ここからは**3-4-3を相手にした場合**を説明します。相手の陣形が3-4-3であるか判別する方法は、まずは3バックであるかを見て、次にトップの枚数を見ます。2枚

の CB に対して1枚でマークにきているかどうか。3バックかつ1トップであることが確定したら、中盤のサイドを守る WB がいるか。いるならば3-4-3と判別することができます【図1】。サイドの人数が少なく中央がダイヤモンド型に配置されていれば、3-4-3ダイヤの可能性が出てきます【図2】。

【図1】

【図2】

3-4-3に対するビルドアップ

3-4-3の相手が完全に奪いにくる姿勢を見せた時は、ボールホルダーの CB に対し、AM がリバプール式プレス（P.95）のようにプレスアップしながら、SB に WB がマークに付き、ピボーテ P も逆サイドの AM によって抑えられてしまいます【図1】。その時、ひとつの方法としては、CB からピボーテ P へ出したパスを CB へダイレクトで返し、CB から逆サイドの WG へ対角フィードを入れます【図2】。3-4-3の守備が堅いとは言え、最終ラインは3対3の同数なので、競り合いに勝てばチャンスが生まれます。

【図1】

【図2】
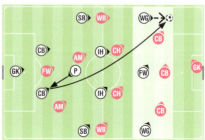

そして、相手のサイド🅲🅱はワイドに開いた🆆🅶を完全にマークすることはありません。なぜならば、3枚の🅲🅱のゲートが広がり過ぎると、スルーパスが通されやすくなってしまうためです【図3】。スルーパスだけではなく、ドリブル突破やミドルシュートを恐れてゲートは狭めた上でスライドして対応してきます【図4】。ということで、対角フィードが効いてくるのです。

【図3】

【図4】

🆆🅱が守備的に5バックを形成しているならば🅲🅱からピボーテ🅿へパスを出すことができます。フリーでターンすることが難しくても、🆆🅱の上がりが遅ければピボーテ🅿から🆂🅱へ、くの字のパスを通すことができます【図5】。🆆🅱が出てくるならば、🆂🅱が考えるべきことは深い位置を取ることです。深い位置で🆆🅱を引き付ければ、ピボーテ🅿から🆆🅶へのパスを通せます【図6】。

【図5】

【図6】

🅲🅱はゲートを広げたくない上、同じ数的同数でも3対3から2対2になることを避けるため、🆆🅶を完全にマークすることはありません。それでも🆆🅶は🅲🅱を引き付け

られるならば最大限引き付けてからピボーテ(P)または(CB)へパスを出し、そこから逆サイドの(WG)へ対角フィードを蹴れれば理想的です【図7】。

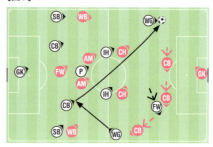
【図7】

対角フィードを繰り返すことによって、(WB)がプレスに出てこられなくなったら、単なる守備的な陣形に過ぎないので(CB)からピボーテ(P)または(SB)へのパスが通せます。また、(AM)が中途半端な位置であれば、(CB)→ピボーテ(P)→(SB)という相手が一番嫌がるくの字のパスも可能になります【図8】。

【図8】

相手がそれを嫌がるならば、(SB)に対して(AM)がマークに付きます。そうなれば5-4-1ブロックになるのでフリーになるピボーテ(P)を使って、じっくりとビルドアップができます。

3-4-3はつかみどころのない陣形ですが、変形のロジックを持っていたとしても、基準のプレーエリアが必ずあります。例えば、1試合を通して(WB)が最後列から最前列まで何度も往復するのは現実的ではありません。元々想定された広いプレーエリアが設定されていますが、その想定を超える動きをさせることで綻びを作り、ビルドアップに繋げるのです。

3-4-3に対するフィニッシュ

3-4-3が5バックになった時、ゲートの距離を固定してゴール前を固めています【図1】。(FW)がバイタルエリアでボールを受けても、(CB)が前進守備によってプレスアップ

しつつ、残りの４バックは堅い守りを維持します。しかし、前進守備をした CB は逆重心になる上に、最終ラインのゲートの角度が変わります【図2】。

【図1】
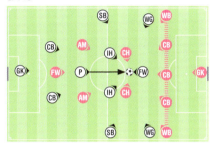

【図2】

ゲートの角度が変わることで斜めのパスコースが生まれるので、CB が出たことによるスペースを狙えばいいのです【図3】。

そのための理想的な崩しとしては、FW からの横パスを CH の死角から回り込んで IH が受けます【図4】。さらに FW が CB の死角を通って、IH からの

【図3】

ダイレクトパスを CB の背後のスペースで受けるのです【図5】。なお、IH に対しては CB が前進守備をするので、ダイレクトでなければパスは通りません。

【図4】

【図5】

元々が4-1-4-1で前進守備による移動がなければ、このスペースは強調できないのですが、逆重心になったことで追いつけなくなるのです。経過は違うにせよ、結果的には4-1-4-1と同じ形になっていますので、バイタルエリアのピボーテ脇（この場合は前進守備で出てきた CB の脇）を突くことは非常に効果があります。

 CB がバイタルエリアへの前進守備をしてこない場合は、5バックと言ってもゲートに隙間はあるので裏へのスルーパスを狙ったり、ゲートをドリブルで突破したりするほか、顔を上げてからミドルシュートを打つことも可能になります。

3-4-3に対するプレス

3-4-3は、サッカーの複雑性をプログラミング的な考え方で表現している陣形だと私は思っています。何らかのトリガーがあって、アクションがある——とてもシステム的なサッカーになる陣形です。サッカーでは**スペースの発生と活用**が重要で、それが3-4-3の要になっています。

【図1】

例えば、WG的にサイドに張っていた AM がシャドーとして中央に入って**スペースが発生**し、その**スペースを活用**して WB が入る。このロジックが強さを発揮するのです【図1】。

このロジックを持った3-4-3に対してプレスを行う場合、3バックに対して2トップで対応しようと考えないことです。ビルドアップする側としては、**トップの枚数プラス1が理想の数字**です。2トップにすると、必ず相手が1人フリーになって、かわされてしまいます。では、どうすれ

【図2】

ばいいのか？　答えは1トップでプレスを行うことです。3バックに対して1トップだと、相手はプラス2になります。この状況を**数的過多**と呼びます。数的過多になると、それ以外の場所では負けることになるのです。例えば、【図2】ではピボーテ(P)がフリーになっています。

1トップ(FW)はサイド(CB)同士の横パスを消す位置を初期位置として、センター(CB)が持った時は寄せるという動きをします【図3】。基本的にはセンター(CB)のボールを狙い、サイド(CB)へのパスをカットします【図4】。

【図3】　　　　　　　　　　　　　【図4】

サイド(CB)同士がゴロパスを出せなくなり、浮き球のパスを出すならば(WG)がプレスアップします【図5】。

3-4-3で**ボトムのサイドチェンジ**ができなくなると、前方へのフィードを選択してきます。そうすると**スペースの発生と活用**のロジックを発動してきますので、これに対応するプレスをする必要があります。

【図5】

対処方法はチームによって異なります。例えば攻撃的にプレスをするならば、センター(CB)からサイド(CB)へのパスが出されると、サイド(CB)の視野はセンター(CB)に向けられるので、その瞬間に(WG)がサイド(CB)へプレスアップします【図6】。フリーになる(WB)は上がり、(AM)は中央に入っていくのでピボーテ(P)がマークに付き、発生したスペースを活用しようとする(WB)は(SB)がマークします【図7】。

第4章　8つの陣形

【図6】

【図7】

　サイド CB にパスが通され、顔を上げられてしまったら守備的に対応します。マークの受け渡しをせずに WB は WG がマークし、AM には SB がマークに付きます【図8】。

　マークを受け渡すにせよ、マンマークで付いていくにせよ、事前にプレーモデルを決めておく必要があります。

【図8】

　3-4-3における変形のロジックは脅威ですが、パターンは決まっています。そのため、対応することは可能です。一番良くないのは中途半端にマークすることです。

　例えば、サイド CB がボールを持っていて AM が中央に動き始めた時、マークしていた SB は中途半端に付いていかずにピボーテ P や CB にマークを受け渡し【図9】、上がってくる WB に対応するようにハッキリとさせておきます【図10】。

【図9】

【図10】

3-4-3に対するブロック

3-4-3の相手に自陣に入られてしまった場合のブロックは、4-1-4-1の形を作るならば(FW)が相手のサイドチェンジを遅らせる位置を取ります【図1】。遅らせることによって、ブロックを構築するための時間を作るのです。

【図1】

(FW)と2枚の(WB)による3トップに対して4枚のDFラインを作り、相手の2シャドー(AM)を(IH)がしっかりとマークします。(WG)は幅をとってサイド(CB)と(WB)のパスコースを切りつつ、トランジションに備えます【図2】。このような4-5-1に変形することで、相手は中央へのクサビのパスを入れにくくなります。

【図2】

しかし、(CH)はフリーになります。これに対しては(IH)がカバーシャドウで出ていき、(CH)がサイド(CB)へ逃そうとするならば、(WG)がプレスアップします。(CH)と(AM)は、2-2ボックスになるとカバーシャドウに弱いので、この形になるように持っていきます【図3】。

【図3】

3-4-3は変形のロジックがハッキリしているので、守備側も役割をハッキリさせることです。簡単ではありませんが、各ポジションで与えられた任務を理解し、それを連動させることができれば守ることができます。

第4章　8つの陣形

3-4-3 ダイヤ

3-4-3 ダイヤの特徴と歴史

私は3-4-3ダイヤについて、おそらく世界一詳しいと自負しています。それくらい大好きで研究しました。しかし、ほとんど使うチームがありません。有名なところではクライフ監督時代と、ペップバルサと言われた2011年当時のFCバルセロナが3-4-3ダイヤを採用していました。

攻撃力の高さ、ボールポゼッションに関しては最高レベルです。一方の守備力、特にブロッ

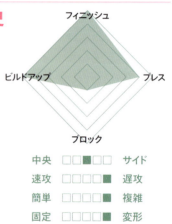

赤チームが3-4-3ダイヤ。赤く塗った部分が3-4-3ダイヤの攻撃におけるキースペース

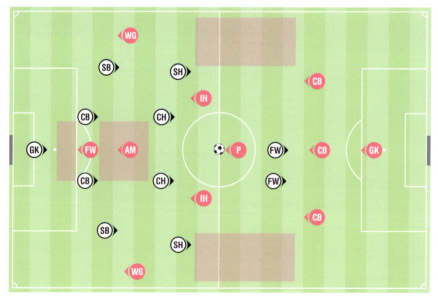

262

クは最低レベルです。

特徴はサイドプレーヤーによる WG へのサポートがないことです。WG が中央に入ることが他の陣形では許されるのですが、3-4-3ダイヤでは WG を追い越す選手がいないので、サイドに張り続けなければなりません。その代わり、攻撃では中央の選手が抜けていきます。

3-4-3ダイヤは4-4-2の相手に一番力を発揮します。歴史背景を見ると、ほとんどが4-4-2だった時代にクライフが3-4-3ダイヤを採用して勝ちまくりました。4-4-2は四角形を作って守りますが、3-4-3ダイヤは四角形の中央にピボーテ P を配置できます。ピボーテ P は四角形すべてのゲートにパスの出し先を持つことができます【図1】。

【図1】

白い部分が3-4-3ダイヤを攻略するためのキースペース

さらに、バイタルエリアの四角形の中央にもトップ下 (AM) と (IH) を配置できます。(WG) はサイドに張っており、トップもいるので相手最終ラインは出てこられません。そのため、各四角形に入った選手が機能します【図2】。

相手の4-4-2が圧縮してバイタルエリアでボールを繋げない場合でも、後方で繋いで時間を作っている間に (FW) がサイドに流れて (WG) の背後を通って下り、サイド (CB) からのパスを受けます。これに (CB) が付いていくならばDFラインに穴ができ、(AM) がそこを突くことができます。ボールが繋がるからこそ、流動性を活かせる陣形です【図3】。

【図2】

【図3】

ペップバルサの時はメッシがトップに入りました。メッシがピボーテ (P) からのパスを受けた時、(CB) の迎撃を受けたら入れ替わって前に出るトップ下 (AM) に渡す【図4】。渡せなければピボーテ (P) にいったん返して、裏抜けしたトップ下 (AM) にダイレクトパスを入れる【図5】。このような形でのゴールを量産していました。

【図4】   【図5】

3-4-3 ダイヤ

相手がピボーテ(P)を置く場合は(FW)と(AM)が両脇を取り、その位置からサイドに流れて(WG)の背後を通って下ります【図6】。(CB)は釣られてゲートが広がり、警戒したピボーテ(P)も釣られるならば、バイタルエリアにスペースができます【図7】。そして(FW)と(AM)はサイドから再びバイタルエリアに入っていき、加速した状態でパスを受けることができます。

【図6】

【図7】

攻撃に全振りした陣形らしく、3-4-3 ダイヤの攻撃は多彩なのでボールを回され始め、時間を作られてしまうと相手は防ぎようがなくなります。

3-4-3 ダイヤのストロングポイント

3-4-3 ダイヤはビルドアップでも強みを発揮します。3枚の(CB)によるDFラインとピボーテ(P)で3-1の関係を作るので、相手が1トップでも2トップであってもさまざまな形でパスを繋げます【図1】。

そして、3バックが中央に寄っていても(IH)がWBのような役割でサイドを守ることができ、サイド(CB)が幅を取れなくて

【図1】

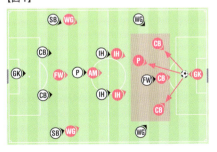

も、下りてきた(IH)へ出すことでボールを繋ぐことができます。(IH)に対峙する相手の

265

ポジションで、中央もサイドもカバーできる選手は通常いません。多くの選手は上下の動きで守備を行い、左右に動くことは少ないからです。IH がボールを受けた後、WBとの違いは中央にカットインすることです【図2】。相手が対応してきたらピボーテ P へのパスを通すことができます【図3】。

【図2】

【図3】

中央へ入ってきた IH はピボーテ P からダイレクトパスを受け、逆サイドの IH も同様に中央へ寄せます【図4】。そうなったらサイド CB は幅を取り、IH が動くことによって発生したサイドのスペースを、IH と共有してビルドアップすることができます。中盤でダイヤモンド型を作っているのでパス回しは円滑に進み【図5】、相手にボールを奪われても効果的にプレスできるのでトランジションにも強さを発揮します。

【図4】

【図5】

そしてフィニッシュにおいては、サイドに張り続けて体力を温存している WG がウインガーとしてのポテンシャルを最大限に発揮できます。WG を追い越す選手がいないため、タイプとしては順足の縦突破型が適しています。縦突破するためにはボールを

受けた🆆🅶は、いったん中央にボールを運び【図6】、🆂🅱に中を切らせて縦に持っていくというプレーが必要になります【図7】。

【図6】

【図7】

🆆🅶が縦突破せずにアーリークロスを入れる場合でも、🅵🆆が🅲🅱を引き連れて🅰🅼が出ていくという**トップのサイド流れ**と**中盤の飛び出し**を使える点も、ストロングポイントとして挙げられます【図8】。

【図8】

3-4-3ダイヤのウイークポイント

3-4-3ダイヤを使いこなすためには、1対1で負けない能力を持った🆆🅶、攻撃力や連動性を持った🅵🆆と🅰🅼、何よりも中盤ダイヤモンドのキープ力が絶対条件になります。3-4-3ダイヤは攻撃は圧倒的ですがボールを奪われた時、【図1】のようにサイドの守備者がいないことが

【図1】

問題になります。ウイークポイントは、これに尽きます。ペップバルサでさえも苦労しました。

ブロックでは3枚の CB が広がり、ピボーテ P が落ちて4バックを作ります。しかし、ピボーテ P の選手は本職のCBではないため、強度は落ちます【図2】。 WG がサイドに下がって5バックを作る方法もありますが、トランジションで攻撃の起点を作れません。ボールを奪っても途中で引っかかって延々とブロックを続けることになります【図3】。 IH がサイドを守った場合、ピボーテ脇を守る選手がいなくなり、中盤がスカスカになってしまいます【図4】。

【図2】

【図3】

このように最大のウイークポイントは、ブロックのワイドを守る選手を決められないこと、誰かが無理矢理守った場合もブロックを延々と続ける展開になることです。

したがって、ボールポゼッションして繋ぎ続けることが宿命付けられた陣形だということです。相手にブロックを固めさ

【図4】

せ続け、ボールを奪われてトランジションが発生しても、即時奪回を繰り返すしか勝ちパターンは生まれません。そして、それを実現できる選手がいなければ成立しない、ということになります。つまり、カウンター合戦のようないわゆる「殴り合い」のゲームに弱い陣形だと言えます。

3-4-3ダイヤの判別方法

　ここからは3-4-3ダイヤを相手にした場合を説明します。相手の陣形が3-4-3ダイヤであるか判別する方法ですが、まずは3バックであるかどうかは他の陣形よりも分かりやすいと思います。次にトップの枚数を見ます。1トップ(FW)とサイドに張った(WG)がいるかどうか。中盤はサイドにスペースがあるかどうかを見ますが、(IH)がサイドを使うことも多いので分かりにくいかもしれません。重要なのは味方にピボーテ(P)がいる4-3-3などの場合に相手トップ下(AM)がマークにきて、相手にもピボーテ(P)がいること【図1】。味方が4-2-3-1などでピボーテを置いていなかった場合は、味方のトップ下(AM)が相手のピボーテ(P)にマークされているかを見て判別します【図2】。

【図1】　　　　　　　　　　　　　　【図2】

3-4-3ダイヤに対するビルドアップ

　3-4-3ダイヤを相手にして、味方が4-3-3だった場合、ピボーテ(P)は相手トップ下(AM)に抑えられ、(IH)も(IH)に目の前を塞がれてしまいます。しかし、ウイークポイントであるDFラインのサイドにはスペースがありますので、ロングフィードを蹴ります【図1】。3バックの相手に対して、試合直後などで陣形の判別ができない場合、私は常に選手達に「3バックならばサイドに蹴れ」と伝えています。WBがいる陣形ならば、このフィードに対して下がって対応しますが3-4-3ダイヤでは守る選手がいませんので、サイド(CB)が寄せてきます。すると、DFラインのゲートが広がります【図2】。

　逆に言えば、(WG)へのフィード以外にビルドアップすることが難しいのです。中盤は

【図1】

【図2】

抑えられている上に WG は前で奪おうと、SB をしっかりとマークしてくるからです。

　DFラインは3対2の数的有利になるので、ここでは回すことができます。CB が相手を引き付けて横パスを出し、受けた CB も引き付けた上で GK へパスを出します【図3】。

【図3】

　しかし、GK からピボーテ P へパスを出そうにも、ピボーテ P または IH からプレッシャーを受けるので、ここで GK から WG へロングフィードを蹴ります【図4】。このように繋ぎながらも結果的にロングフィードを蹴ることが一番有効なビルドアップになります。

　3-4-3ダイヤに対してワイドに張ったWGがいない4-4-2などで繋いでビルドアップしようとすると、相手の思うつぼです。またロングフィードを蹴っても、SHが走りながら後ろからくるボールを受け

【図4】

けようとしたところで上手くいくことは少なくなります。なので、最初からワイドに張った4-3-3の WG が、ボールに向かって受ける方が成功の確率は高くなります。

3-4-3ダイヤに対するフィニッシュ

3-4-3ダイヤを相手にしたフィニッシュでは、WGまでボールを運んでも焦ってすぐに攻撃しないことです。SBがオーバーラップした時に、トランジションが発生してWGにボールが渡ってしまったら大ピンチになります。

WGがサイドCBを十分に引き付けた上ではがして、逆サイドのWGへ展開します【図1】。

ボールサイドにスライドしていたDFラインは寄せることが難しいので、WGが戻って対応することになります【図2】。

そのWGを引き付けた上で、相手の死角から抜け出したIHへパスを出し【図3】、ワンツーでWGが受ければWGは逆重心になっているので対応できない上、WGの進路をSBがオーバーラップして抑えます【図4】。

【図1】

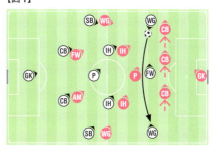

【図2】

【図3】

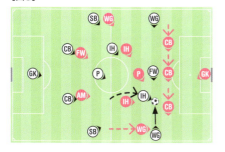

【図4】

DFラインがスライドしてきたら逆サイドの(WG)へサイドチェンジし、同じようなパス回しをして(WG)を下げさせる。このように相手をブロックに押し込めます。そうすれば相手のトランジションの成功率が下がるので、3-4-3ダイヤが苦手なブロックを強いることができます。この状況を長時間キープして、じわじわと攻めれば優勢な試合運びが可能になります。

3-4-3ダイヤに対するプレス

相手のDFラインでは3対3の数的同数になるのですが、ピボーテ(P)がいるために、必ず1人はフリーにさせてしまいます【図1】。

そして、3-4-3ダイヤを採用しているチームは選手の能力が高いことが絶対条件なので、かなりの確率で繋がれてしまいます。3-4-3ダイヤは攻撃面において3-1-4-2の繋ぎの強さ、4-2-3-1の前線の破壊力、4-3-3的な中盤の機能性を合わせ持っているのでプレスは非常に難しくなります。

プレスを行う場合は、極力オールコートマンツーマンの形を作って、(FW)がプレスをかけつつ、(CB)にボールを持たせながら(WG)もプレスアップするというように、連動しなければなりません【図2】。

【図1】

【図2】

残念ながら3-4-3ダイヤのビルドアップを防ぐ有効な手段は少ないので、「**3-4-3ダイヤに対するフィニッシュ**」(P.271)で述べたように、できれば相手ビルドアップの状

況を作らせないように、押し込んでブロックの状況からトランジションを起こさせないようにすることが一番の方策と言えるかもしれません。

3-4-3ダイヤに対するブロック

完成度の高い3-4-3ダイヤがフィニッシュのフェーズに入れば、どのような守り方をしてもブロックは難しくなります。

それでも対応するには、トップ下の(AM)を抑えるためのピボーテ(P)を置いて4-1-4-1の形を作り、中盤のダイヤモンドに対してマンツーマンでマークに付きます。

そして、サイド(CB)がボールを持った時に(WG)がプレスアップし【図1】、逆サイドの(CB)へボールが出されたら(FW)がプレスアップして(GK)までバックパスさせて【図2】、そのタイミングでDFラインをラインアップします【図3】。

このようにプレスと連動させてラインコントロールすることが、3-4-3ダイヤに対するブロックの最善策と言えます。

【図1】

【図2】

【図3】

第4章　8つの陣形

3-4-1-2

3-4-1-2の特徴と歴史

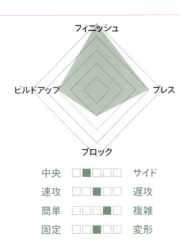

この陣形を採用し続けた監督はいないのではないか、というくらいスタンダードではない、奇策的な陣形です。

ピボーテを置かず、中盤の1枚がトップ下 AM として配置されています。ピボーテが中盤の底でゲームを作るのに対し、トップ下 AM はフィニッシュでは効果的なラストパスを出し、ビルドアップでは下がってボールポゼッションを高める役

赤チームが3-4-1-2。赤く塗った部分が3-4-1-2の攻撃におけるキースペース

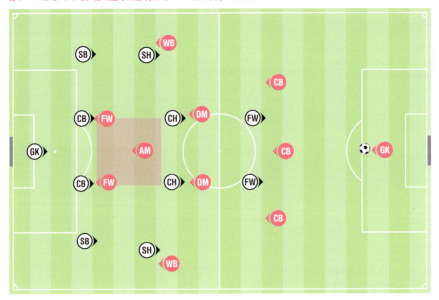

274

3-4-1-2

割を果たします。そのため、最大の特徴は2トップ FW とトップ下 AM による逆三角形です【図1】。プレスでは相手にピボーテ P がいてもハイプレスが可能で、フィニッシュでは3人で仕留めることができます。2トップ FW が相手 CB を広げて、トップ下が飛び出していったり、トップ FW の1人が下りたりして三角形の反転を作ります【図2】。3人のドリブルや攻撃センスの高さが要求されることはもちろんですが、ロングボールのターゲットマンとしての役割やスピードも必要とされます。

白い部分が3-4-1-2を攻略するためのキースペース

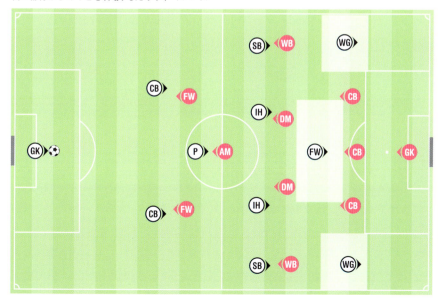

したがって、攻撃力が高いチームが採用すべき陣形です。3人のスター選手と7人のハードワーカーによって攻守が分担されるという特徴があります。バランスよりも、いわゆる「殴り合い」の攻撃を重視し、最初からパワープレーをしているような状況になります。

3-4-1-2のストロングポイント

特徴でも挙げた通り、トップ下 AM を含めた3人による高い攻撃力と、中央が密になっている安定感があります。

相手にピボーテ P がいなければ、2トップ FW のどちらかにロングボールを当てて【図1】、落としをトップ下 AM が拾ったら一気にシュートに持ち込めます【図2】。このように殴り合いのゲームに強いことがストロングポイントとして挙げられます。

【図1】

【図2】

3-4-1-2のウイークポイント

WB が下がって5バックを形成できるとしても、中央がダブルボランチ DM の2枚になってしまうことがウイークポイントとなります。 AM がトップ下からボランチに下りる手もありますが、それでは3-4-1-2の攻撃力を放棄することになり、採用する意味がなくなります【図1】。最初から守備力の高いピボーテタイプを置く方がいいということ

になります。ダブルボランチ **DM** の弱さを補填するために5バック化した **WB** のどちらかが中盤の守りに入っても守備のラインは4-3でしかないので、4-4ほどの強さは作れません【図2】。しかも **WB**、ダブルボランチ **DM** どちらもハードワークにより疲弊してしまいます。採用するチームが少ないのは、これらのウイークポイントが理由です。

【図1】

【図2】

WB が下がって5バックになると、4-4-2ダイヤと同じようにダブルボランチ **DM** の脇にスペースができます。相手はこのスペースを使ってボールを回してきます。そうなると相手に主導権を握られたままになり、ラインが下がって1列化してしまうことになります【図3】。

【図3】

3-4-1-2の判別方法

ここからは **3-4-1-2を相手にした場合** を説明します。相手の陣形が3-4-1-2であるか判別する方法は、まずは3バックであるかを見ます。次にトップの枚数を見て2枚であるかどうか。3バックで2トップであることが確定したら、**WB** がサイドで上下しているか、味方にピボーテ **P** がいた場合にマークにくるトップ下 **AM** がいるかを見ま

す。トップ下 (AM) がいれば3-4-1-2と判別できます。このように味方がピボーテ (P) を置いた陣形ならば、ピボーテ (P) のマークの有無によって相手の陣形を判断しやすくなります【図1】。

【図1】

3-4-1-2 に対するビルドアップ

3-4-1-2は殴り合い特化型の陣形なのでプレスとカウンターに強く、その相手に繋ごうとしてもなかなか上手くいきません。(SB) はフリーになるのですが、(WB) が出てきて (WG) に対してサイド (CB) がマークにきてスライドされたら、逆サイドの (SB) へのロングボールしか出しどころがありません【図1】。

そのためピボーテ (P) を下ろして3バックにして、(SB) から (WG) への対角フィードを狙います【図2】。

そうすることで (WB) は (SB) と (WG) の両方をマークすることになります。(WB) が (WG) を警戒するならば、DFラインに入ったピボーテ (P) と (SB) の間にV字のパスのコースができます。V字のパスを確実に通すためには、(CB) が両サイドの深い位置ま

【図1】

【図2】

3-4-1-2

で下がって2トップ FW を釣っておきます【図3】。

FW が釣られずに中央を締めたまま残るならば、U字のパスコースでサイドチェンジが可能になります【図4】。このようなビルドアップを繰り返して、WB を上下に走らせて疲弊させ、それによって生まれる穴を狙っていきます。

3バックにするためにピボーテ P が下りようとした時、ピボーテ P をマークしていた AM が付いてくるならば、片方の SB が下がって CB がスライドする方が安全です【図5】。ただし、左右が非対称になるので IH が SB の位置をカバーするなどして変形します【図6】。

変形のやり方はチームによってさまざまですが、結果的に3-4-3または3-4-3ダイヤの形を作り、相手ダブルボランチの脇を取る専門の選手を置くようにして【図7】、とにかくボールを繋ぎ続け、相手を押し込むことが大事です。

【図3】

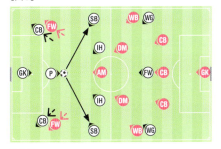

【図4】

【図5】

【図6】

【図7】

3-4-1-2に対するフィニッシュ

他の陣形ならば WB が SB にプレスにくるのですが、3-4-1-2ではプレスアップしないことを選択することが多いでしょう。攻守の分担がハッキリしているためブロックで耐え、相手のミスを待つ。ボールを奪ったら前線の3枚にロングボールを蹴ってカウンターで勝負――ということを狙っているからです。

3-4-1-2が WB を下げて5バックでブロックを作ると、サイドにスペースができて SB がフリーになるので、SB にボールが入ったらアーリークロスを狙います【図1】。WB がプレスアップして CB がスライドしてくるならば、そのズレと移動の逆重心を狙ってスルーパスを入れます【図2】。

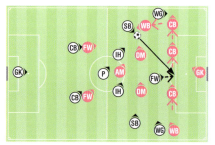

3-4-1-2に対するプレス

3-4-1-2の相手にボールを奪われたら、まずは3バックに変形して CB と SB、ピボーテ P の4枚で後方を固め、出てくるであろう WB に対して WG または SB がマークに付いておきます。

一番やられたくないのがサイドのスペースにボールを蹴られることです。WB

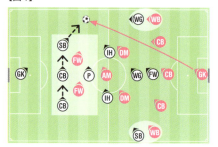

を抑えつつ、⒞Ⓑと⒮Ⓑの3バックのボールサイドの選手がカバーします。2トップⒻⓌは残った⒞Ⓑがスライドしてマークします【図1】。

なお、3-4-1-2はビルドアップには向いていないので、⒞Ⓑにボールを持たせるのもひとつの手です。

3-4-1-2に対して守備をする上で理想的な陣形は3-1-4-2になります。3バック⒞ⒷとⓌⒷの5枚で守れる上にピボーテⓅがトップ下ⒶⓂを抑えられます。そして2トップⒻⓌが縦関係を作って、相手のサイド⒞Ⓑにボールが渡ったらⒾⒽがプレスアップにいき、2トップⒻⓌの1人がカバーに入ります【図2】。

【図2】

3-4-1-2に対するブロック

3-4-1-2のフィニッシュに対するブロックも3-1-4-2が理想的な陣形になります。ⓌⒷを下ろして5バックを形成し、サイド⒞Ⓑがサイドのスペースを使ってきたらⒾⒽが対応し、2トップⒻⓌの1人がカバーに入ります【図1】。

しかし、このブロックでは後方が重くなり過ぎるのでトランジションが発生しても攻め上がることが難しくなります。

3-4-1-2という陣形が特殊なため、それに対応するのもレアで特殊な守り方にならざるを得ません。

【図1】

第4章　8つの陣形

3-1-4-2

3-1-4-2の特徴と歴史

前節で解説した3-4-1-2では存在しなかったピボーテ Ｐ を置いた陣形です。攻撃時は WB が上がって4トップになり、4バックに対して完全に枚数を合わせられます【図1】。守備時には WB が下がって5バックとして最終ラインを固めることができます【図2】。

WB が4トップと5バックどちらにも関与するため、WB がポイントになります。WB のハードワー

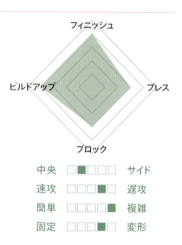

中央	■□□□	サイド
速攻	□□■□	遅攻
簡単	□□□■	複雑
固定	□□■□	変形

赤チームが3-1-4-2。赤く塗った部分が3-1-4-2の攻撃におけるキースペース

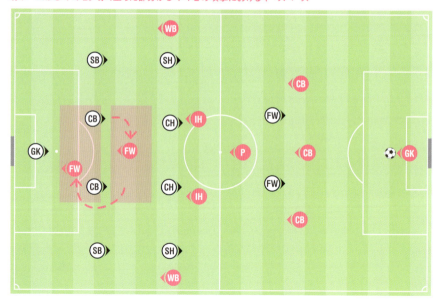

3-1-4-2

【図1】  【図2】

クが前提になるので途中交代することが多くなり、(WB)の使い方によってチームの完成度が決まります。

　3-1-4-2は、3-4-1-2と近い陣形です。中盤の1枚が3-1-4-2ではピボーテ(P)になり、3-4-1-2ではトップ下(AM)になるかの違いだけで、似た特徴を持っています。ただ似てはいますが、この1枚をどこに置くかによる違いは、戦術的に大きいものがあります。

白い部分が3-1-4-2を攻略するためのキースペース

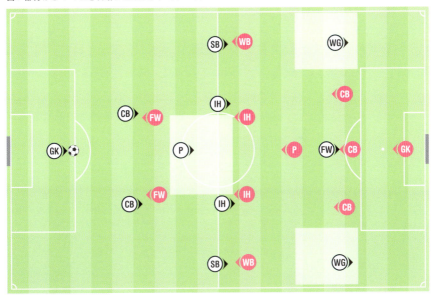

3-1-4-2のストロングポイント

3-1-4-2はビルドアップにおいて、初期設定で**スペースの発生と活用**ができる陣形になっています。例えば、攻撃時に(WB)が上がればサイドにスペースができます【図1】。ここをサイド(CB)がビルドスペースとして使えます。こうすることでピボーテ(P)が下りて相手(FW)に対して2対1の数的有利を作ることができます【図2】。

【図1】　【図2】

(WB)が上がって4トップを形成したら、今度は中盤のサイドにスペースができるので、ここに(IH)が入っていきます。すると、相手(IH)も釣られてサイドに付いていき、中央が空洞化します【図3】。

中央が空洞化すれば(CB)またはピボーテ(P)から4トップに対してパスを送れます【図4】。中盤を省略した殴り合いの構図になりますが、最終ラインは4枚でしっかりと守ることができます。これが基本パターンです。

【図3】　【図4】

3-1-4-2

　WBの上がりが間に合わない場合はIHが4トップのサイドに入り【図5】、WBの上がりを待って再び中央へ戻ります。これもスペースの発生と活用になります【図6】。

【図5】　【図6】

　このようにスペースの発生と活用によって5バックと4トップを使い分けできることが最大のストロングポイントになります。

3-1-4-2のウイークポイント

　守備時にWBとIHが下がることで枚数は増やせますが、5-3-2ブロックになってしまい、中盤3枚の脇を使われてしまいます【図1】。これに対しては5バックの1人が出て対応するのですが、前進守備をすることで逆重心が発生します。可変して成立するシステムは、そこを狙われてしまうリスクがあるのです【図2】。

【図1】

【図2】

285

3-1-4-2は WB と IH をはじめとして、全員がハードワークすることを前提とした陣形です。それに耐え得る選手層の厚さ、交代選手の質の高さが求められるので、それに応えられない場合は機能しなくなることがウイークポイントとして挙げられます。

3-1-4-2の判別方法

ここからは**3-1-4-2を相手にした場合**を説明します。相手の陣形が3-1-4-2であるか判別する方法は、まずは3バックであるかを見ます。次にトップの枚数を見て2枚であるかどうか。3バックで2トップであることが確定したら、WB がサイドで上下しているかを見ます。味方にピボーテ P がいた場合にマークするトップ下がいなくて、ピボーテ P を置いていれば3-1-4-2と判別できます【図1】。

【図1】

3-1-4-2に対するビルドアップ

3-1-4-2に対してビルドアップする場合、相手はサイドを WB が使うのか IH が使うのかを見極めなければなりません。そして3-1-4-2は動きが大胆なので、相手の出方によって生まれてくる経路にパスを出します。

3-1-4-2を相手にした場合、ピボーテ P はフリーになります。これを活かすために両 CB は開き、中央でピボーテ P が受けるのが理想的なビルドアップになります。3枚の CB は中央を固めるためにサイドゲートが広くなっているので、ピボーテ P から WG にロングフィードを入れることができます【図1】。そうすると WB は下がって WG のマークに付きます【図2】。

3-1-4-2

【図1】 【図2】

また、ピボーテ(P)から(SB)へパスを出そうとすれば【図3】、(IH)が(SB)のマークに付いて(IH)がフリーになるのでパスを出せます【図4】。

【図3】 【図4】

サイドで(SB)と(WG)の距離が近いと(WB)は出やすくなりますが【図5】、距離を遠くすれば(WB)が寄せるのに時間がかかり、DFラインもボールサイドにスライドするので逆サイドの(WG)に対角フィードを出せるようになります【図6】。

【図5】 【図6】

287

SB→ピボーテ P→SB というパスでサイドチェンジすると【図7】、3枚の CB がピッチ幅の距離をスライドして対応するのは大変なので、逆サイドの WB が下がってからボールサイドの WB がプレスアップするという手順を踏みます【図8】。

このように WB を上下させることで疲弊させることも、ビルドアップする上では有効な攻撃になります。

3-1-4-2に対するフィニッシュ

3-1-4-2に対するフィニッシュもサイドがポイントになります。SB がボールを受けたら WB がプレスアップし、DFラインがボールサイドにスライドします【図1】。そうすると逆サイドの WG がフリーになるので、SB からアーリークロスを出します【図2】。このように陣形を静止画として見るのではなく、動きの中で崩すことが大事です。

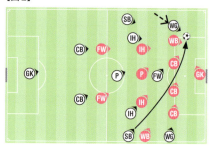

(SB)がボールを受けた状態でサイド(CB)が(WG)をマークしたら、(IH)がバイタルエリアに入って(SB)からのパスを受け【図3】、センター(CB)がプレスしてくるならば(FW)がフリーになるので、(IH)からスルーパスを受けてシュートに持ち込みます【図4】。この時、相手の動きによっては(WG)が裏抜けして(IH)からのスルーパスを受けることもできます。

【図1】　　　　　　　　　　　　【図2】

　人の動きよりもボールの方が速く動くことを利用し、陣形がずれることを利用してスペースを発生させて崩していくのです。

3-1-4-2に対するプレス

　3-1-4-2がビルドアップする場合、(WB)は上がりますが(WG)が付いていくかどうか。付いていけば相手のサイド(CB)がフリーになり、(SB)もマーク担当がない状況になってしまいます【図1】。なので(WG)がサイド(CB)を、(SB)が(WB)をマークすべきです【図2】。

【図1】　　　　　　　　　　　　【図2】

しかし、中央では相手が数的有利の2対1ができて、ピボーテ(P)は誰もマークしていない状態になります【図3】。さらに、(IH)がサイドに開けばマークしている(IH)も付かざるを得ないので、中央が空洞化してしまいます【図4】。

【図3】

【図4】

ここをどうするのか？　という問題が残ります。3-1-4-2の強みは数的有利を作った最終ラインと4トップ化した前線です。味方で唯一フリーになっているピボーテ(P)が中央でプレスにいこうものなら、DFラインから最前線にロングフィードを蹴られてしまいます。スペースがある位置での同数勝負になるので相手が有利になります。また、空洞化した中央に(FW)や(IH)、ピボーテ(P)が入ってパスを受けることで味方は危険な状況になります。3-1-4-2の相手は、中央にできた広大なスペースを使ってこようとするのです。

3-1-4-2のビルドアップに対して陣形を合わせるには、2トップ(FW)に対して3バックを作り、その他のポジションでオールコートマンツーマンに持ち込みます。これでロングフィードを蹴られても3対2の数的有利で対応できます【図5】。

【図5】

(GK)を含めた三角形を作ってきたら(FW)がプレスアップするフェイクをしてピボーテ(P)を抑え【図6】、(WG)がカバーシャドウしながら(GK)に対してプレスアップします【図7】。それでもかわされたら(CB)にボールを運ばせて、ピボーテ(P)と(GK)でDF

ラインを守らせるようにします。

　完成度の高い3-1-4-2を相手にした場合、高い位置でのプレスは有効でないかもしれません。それでもプレスをかける場合は上記のような方法がありますが、早めにブロックを作ることが得策です。

3-1-4-2に対するブロック

　3-1-4-2が自陣まで攻め入ってきたら、5バックを作っておくことが最善の策です。相手にはトップ下がいないのでバイタルエリアもそれほど使われることがありません。WBのクロスや裏抜けなどはありますが、フィニッシュにおいてはそれほど多彩な攻撃はありませんのでブロックで耐えて、WBが上がってできたスペースを使うことを狙います【図1】。

　3-1-4-2に対してプレスにいくと崩されてしまいますが、5バックで引いて守る上ではそれほど怖い陣形ではありません。

8つの陣形　まとめ

強みがサイドor中央、および速攻or遅攻

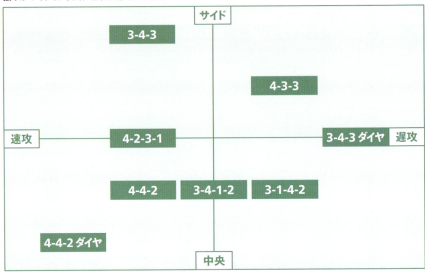

戦術が複雑or簡単、および初期ポジションから固定が多いor変形することが多い

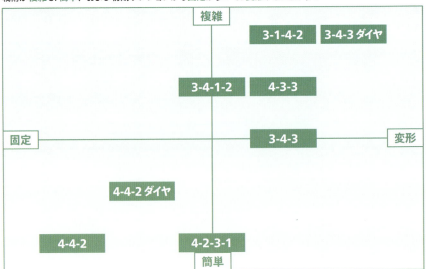

Appendix

付録として戦術用語のインデックスを設けました。
戦術に必要な用語を五十音順に並べて
簡単な解説と本文に登場した用語には
参照ページを記してあります。

戦術用語インデックス

数字

【1-1ゲート】 4-2-3-1で見られるトップとトップ下で形成される縦のゲート。4-2-3-1のヘソとも言えるゲートで、このゲートを通すこと自体がサイドチェンジとなる。そのため4-2-3-1攻略の際は、積極的に狙いたいゲート（P.208）。

【1列化】 DFラインにMFラインが吸収される状況。攻撃側はスルーパスが通りやすくなり、ミドルシュートを打ちやすくなる。また、守備側がトランジションを迎えてもパスを繋ぎにくくなる。

【3人目の動き】 ポストプレーなどで1人目のパスの出し手が走り出し、2人目の選手を経由して、3人目の選手がスルーパスを出すなどの連携プレー。ワンツーにプラス1を追加することで、移動時間の確保とパスの角度を作り出し、相手の視野と認知時間に影響を与える。 対策 ⇨ ボールを見ずにマンマーク。

【3バックビルド】 DFラインで3対2の数的有利を作って行うビルドアップ。中央の選手が下がった位置を取り、三角形を作ることで中央の選手のターンの角度が緩和され、展開がスムーズになる。かつ、パスミス時の対応が可能となる。（P.57）。

【4-1-2-1-2ブロック（T字ブロック）】 4枚のDFラインと中盤から前線にかけて1-2-1-2の隊列によって英語の「T」の字のように見えるブロック。ボールサイドに対してワイパーのように左右にスライドして、繋ぐ相手を追い詰める。通称「T字ブロック」。 対策 ⇨ U字のサイドチェンジ（P.245）。

【4-1-4-1ブロック】 CBとSBの4枚でDFラインを作り、2.5列目にP（ピボーテ）を置いて、下がった両WGが2枚のIHと4枚のMFラインを構成。FWラインは1トップで守るブロックの形。バイタルエリアに管理人であるP（ピボーテ）を置くことで、特に中央の守備力を強化している。また、P（ピボーテ）はDFラインのカバーやMFラインのカバーが可

能であり、用意に5バックを作ることも、4-4-2でプレスをかけることも可能な汎用性を持つ。4-3-3から変形することが多い（P.171、224）。

【4-4ブロック】 CBとSBの4枚でDFラインを作り、DM（ダブルボランチ）と両サイドプレーヤーの2枚でMFラインを構成して、4人で守る列を2列で構成する守備の基本の形（P.211）。

【4-4-1-1ブロック】 4-4ブロックでFWラインをトップ下と1トップの1-1ゲートで守るブロックの形。トップとトップ下でサイドを限定し、持ち運ぶ相手CBの後方からトップがプレスバックし、4-4-2の形を作りながら囲いこむプレスの形を得意とする。4-2-3-1が狙う守備隊列（P.205）。

【4-4-2ブロック】 4-4ブロックでFWラインを2トップで守るブロックの形。ゴールが中央に存在する長方形のピッチに最適な守備隊列。4-2-3-1から変形することも多い。

【4CB】 CB適性の選手を両SBに配置する戦術。WGに質的有利を持つ選手が配置されている場合、SBはオーバーラップでサポートする攻撃力よりも、高い守備力を優先するという考え方で採用するケースがある。

【5-3-2ブロック】 DFラインを3枚のCBと2枚のWBで構成し、MFラインを3枚で守って、FWラインを2トップで守るブロックの形。MFラインの脇が相手にとってのキースペースとなる。3-4-3ダイヤや3-4-1-2、3-1-4-2から変形することが多い（P.285）。

【5-4-1ブロック】 DFラインを5枚、MFラインを4枚で守るブロックの形。サイド脇の守備力を強化。5枚と4枚の守備隊列によって三角形ベースとなり、手厚い守備ブロックを形成できる。3-4-3から変形することが多い。

アルファベット

【DF（ディフェンス）ライン】 DFが構成する最後列のライン。オフサイド判定の基準となり、チームスペースの深さを司る、戦術的に重要なライン。

【FW（フォワード）ライン】 FWが構成

する最前列のライン。攻撃では相手DFラインを押し下げる役割を担い、相手DFラインを押し下げチームスペースを確保したり、逆に引く動きで裏のゾーンの拡大を狙い、味方の飛び出しのスペースを作り出す。

【MF（ミッドフィルダー）ライン】 MFで構成する中盤のライン。攻守においてバランスを取り、セカンドボールにおける重要な拠点でもある。正三角形や逆三角形、または菱形を作る。守備ではパスコースを限定し、攻撃ではフィニッシュへの参加が期待される。

【V字のパス】 ピボーテやスイーパーから両サイドの選手それぞれに通すパス。英語の「V」の字のような形のパスコースになる。特に三角形ベースの4-1-4-1などの守備隊列に効果を発揮するパスコース（P.244、278）。

ア行

【アーチライン】 ドリブルのコースを曲線で取ること。駆け引きを自動化することで相手に2択を迫り、減速することなくボールを運ぶことができる（P.72）。

【アーリークロス】 相手DFライン手前から上げるクロス。狙いどころはファー裏、キーパーゲート、バイタルクロス。

ファー裏へのアーリークロスは滞空時間が長いため、逆サイドの選手が追い付くことができる上、相手の死角からシュートを打つことができる強力な選択肢。

単独カットイン時は、バイタルエリアを横断するため、DFラインをラインアップさせて、裏ゾーンを拡大することができる。一方、連携からのアーリークロスでは、WGがSBにバックパスをすることで相手DFラインをラインアップさせ、SBがダイレクトでアーリークロスを入れる形が効果的。 対策 ⇒ 出し手の前、アーリークロスのコース上に立って蹴らせないようにする。ラインバックによって裏のスペースを消す。GKの飛び出し。

【アーリークロス】

【アイソレーション】 質的有利を持つ味方をフリーにするために、あえてサポートラ

ンをせず、距離を取ってスペースを空けるプレー（P.126）。**対策**⇨ゾーンマーク。質的有利に数的有利で対応する。1人抜かれても2人目、3人目が対応できる位置にいれば、スペースを埋めることができ、アイソレーションは効果をなくす。

【アタッキングカバー】 攻撃時に味方が既定のポジションから動いた際、必要に応じてその選手の代わりに一時的にスペースを埋め、役割を請け負うプレー。

【位置的有利】 パスコースを確保した位置取りや相手の死角を取ったり、深く下がることによってパスコースの角度を最大化させたりするポジショニング。

【インサイドゲート】 相手のサイドプレーヤー（SBやSH）とインサイドプレーヤー（CBやDM）を結んだゲート。直接ゴールに繋がることは少ないが、インサイドゲートを効果的に通すことで、センターゲートを拡大させることができる。相手陣形を崩す上でで重要なゲート（P.211）。

【インターセプト】 相手のパスを途中で奪うこと。オープンマークから取りにいかないように見せかけて、パスが放たれたと同時に走り込む。横パスを奪うことができれば、相手を置き去りにしてカウンターのきっかけを作ることができる。**対策**⇨キックフェイク。

【インナーラップ】 大外に張った選手の内側を走り抜ける動き。順足WGとの相性が良い。**対策**⇨ラインバック。WGへのプレス。

【渦の動き】 ポジションチェンジによるスペースの発生と活用を最効率化した動き。守備側がマンマークであればスペースを作り出し、発生したばかりのスペースを利用することが可能。また相手がゾーンマークであればゾーンの隙間を使うことが可能となる。（P.93）。

【裏】 相手DFラインの背後のスペース。相手のポジションによって相対的に広がったり狭まったりする。

【裏抜け】 相手DFラインの背後に抜け出し、パスを受けるプレー。直線的な動きではなく、アーチの軌道で抜けることで、プルアウェイとなる。それだけでなくパスの出し手は裏抜けのランニングモーションを見ながら最適なタイミングで蹴

ることができ、受け手は加速した状態でパスを受けることが可能になる。ダイアゴナルランは阿吽(あうん)の呼吸が必要となるが、アーチランは出し手が動きを目視でき、受け手は加速した状態での軌道変更によって加速した状態で裏に抜けることができる。 対策 ⇨ ラインバック。

【オーバーラップ】WGが中央に絞ることによってできた、大外のスペースをSBが駆け上がるプレー。逆足WGとの相性が良い。

【オープンスペース】広大なスペース。試合終盤やサイドを限定した場合の逆サイドに発生する。

【オープンマーク】マークの対象とあえて距離を取ることによってパスを誘導し、パスが出た瞬間に奪うマーク。 対策 ⇨

【オープンマーク】

キックフェイクでのノッキング誘発。高速パスによる予測の外し。守備者のパスタイミングや球速の予測を外すことで対処が可能。

【落としのパス(レイオフ)】ポストプレーの後、次にボールを受ける選手が前向きでシュートやスルーパスなどのプレーをしやすいように出すパス。1つ飛ばしのパスを通すことによって、視野的な有利性と体勢的な有利性を得るプレー。「レイオフ」とも呼ばれる。

【オフサイドトラップ】キックモーションに合わせてDFラインのラインアップによって、相手選手を意図的にオフサイドにかけるプレー。MFラインやFWラインの連動も必須となる。

【オフェンストランジション】攻撃時、ビルドアップからフィニッシュの局面に切り替わるタイミング。またはフィニッシュからビルドアップに切り替わるタイミングのこと(P.160)。

カ行

【カウンターアタック】プレスまたはブロ

クの守備局面で、ボールを奪った瞬間に仕掛ける攻撃のこと。守備時の形でカウンターの成功率が決まる。**対策**⇒マークをせずに、ゴールに向かって直線の最短コースで戻るディレイディフェンスを行い、ゴール前にブロックを作る。

【カウンタートラップ】守備時、リトリートせずに攻撃の選手を前残りさせ、カウンターの準備を行う戦術（P.159）。**対策**⇒ボトムエリアでボールを回し、前残りした相手に守備を強要する。

【カウンタープレス】守備者を押し込んだ状態、あるいは守備側がゴール前を固めた状態で、ネガティブトランジション時にボールの即時奪還を目指してボールを奪うプレー。切り替え時のマンマークやプレスバック、またはプレスアップを瞬間的に発動することが求められる。（P.158）。**対策**⇒前進または後退する相手を横パスでいなし、相手守備者の逆重心を突くことで時間を作って、アタッカーへ展開。リスクを減らすならば高いボールでクリアし、ラインアップ。

【カオス】相手の陣形やポジションの役割などが理解できていない状態。

【カットイン】相手のブロックに対し、ドリブルでバイタルエリアにサイドから切れ込むプレー。サイドにスペースを作りながら直接シュートも狙える。カットインからのシュートは、相手GKにとってはCBがブラインドになる可能性も出てくる。**対策**⇒マークの受け渡し。P（ピボーテ）の配置。

【カバーシャドウ】相手のパスの受け手を背後に置き、パスコースを消すプレー。攻撃的な守備方法であり、ボールを奪うと同時に対峙する相手を置き去りにできる反面、相手を死角に置くため動かれてしまう可能性がある。**対策**⇒パスを引き出す死角の動き。

【カバーリング】守備時に味方が突破された際、その選手の代わりに一時的にスペースを埋め役割を請け負うプレー。

【キースペース】攻撃または守備において重要となるスペースのこと。各陣形に存在する（P.201）。

【キーパーゲート】GKとDFラインを結んだ縦のゲート。キーパーゲートが広ければ、決定機に繋がるクロスを入れやすく

Appendix

なる。DFラインのラインバックとGKが前に出ることによって縮小できる。

【キーパーゲートクロス】GKとDFラインを結んだキーパーゲートを通すクロス。最も攻撃的でゴールに直結するクロスで、相手のオウンゴールを誘発することも多い。対策⇒DFラインのラインバックとGKのスイープ。

【キープレーヤーマンツー】キープレーヤーをマンマークする戦術。対策⇒マークオンの状況を理解したスペースメーク。下図ではキープレーヤーである(P)にマークに付いた相手選手(AM)が最も機能しない(SB)の裏の位置へ誘導。

【キープレーヤーマンツー】

【キック&ラッシュ】ロングフィードを入れると同時にDFラインを上げるプレー。トランジション時に相手FWをオフサイドにかけることもできる（P.172）。

【逆足】利き足とは逆のサイドに配置された選手で、用語として「逆足WG」などのように使われる。

逆足WGは中央へのプレー時、相手SBから離れた側の足でボールを保持できるため、カットインのドリブルやダイアゴナルランでゴールを狙う際、懐（ふところ）が深いドリブルが可能となる。ボール保持が安定しながらも、キックでの展開が用意に。近年はWGにゲームメークやスペースメークを求められることが多いので逆足WGが増えている。一方、逆足WGはスペースを最大利用できないという難点もある。

オーバーラップするSBは順足が好ましいが、逆足であれば偽SBとして中央側へのドリブルが安定し、逆サイドへの展開もスムーズになる。また、偽SBが中へ入ることで発生したスペースを活用することもできる。

WGやSBでは逆足の利点が多いが、逆足CBは相方のCBへのパスは可能ながら、サイドプレーヤーへの縦パス角度や球速が不十分となるため、ボールの前進が難しくなる。

【逆重心】移動中の相手の移動方向とは逆にボールを運ぶプレー。逆重心に

よって発生するスペースをフラッシュスペースと言う（P.69）。

【局所的数的有利】狭いスペースで得る数的有利。規則的な隊列で守るゾーンマークを破る効果的な手段。

【クイックリスタート】相手の守備陣形が整う前に開始するフリーキックやスローイン。対策⇨近距離で相手の前に立っての妨害。守備者はフリーキックでは9.15m以上、スローインでは2m以上離れなければならないので、規定の距離よりも近くに立ってリスタートを遅らせる。ただし、執拗に行うと悪質なプレーとしてファウルを取られてしまうので注意が必要。

【クサビ】バイタルエリアに位置する味方に通すパス。成功させれば、守備側の意識を一気に集めることが可能。ボトムエリアから狙うことが多いが、サイドやCBから入れることも。事前にゲートに構えたり、視線フェイクを行うことでコースを作ったり、守備側に警戒されないクサビを入れられる。クサビのパスをワンタッチでサイドに叩いたり、中盤からの飛び出しに当たりする。4-2-3-1では、トッ プに向けたパスをトップ下がスルーし、トップがワンタッチでトップ下に落とすレイオフがよく見られる。対策⇨出し手とトップの経路上へのポジショニング。

【崩し】相手の守備陣形を動かし、シュートチャンスを作ること。主に相手CBの位置を動かすことから崩しは始まる。

【くの字のパス】ひらがなの「く」の字のような、2つの斜めのコースで行うパス（P.226、255）。

【クラック】上手さ、高さ、速さ、強さというような質的有利を持つ、極めて能力の高い選手。クラックの名前を冠して「戦術○○」と呼ばれることがある（P.62）。

【クリア】失点のリスクを避けるため、高く遠くにボールを蹴るプレー。パスが味方に繋ぐことを目的として目的地を正確に設定するのに対し、クリアは味方に繋ぐことを主目的とせず、素早く蹴ることを目的とする。

【クローズドマーク】タイトに至近距離でマークし、パスを出させないようにするプレー。またはパスを出す瞬間に体を当て

Appendix

て奪う。対策⇨ デスマルケ、プルアウェイ、または相手をマークに付かせたままスペースメーク。

【クローズドマーク】

【クロス】サイドからセンターに向かって入れるパス。かつては「センタリング」とも言われた。

【ゲーゲンプレス】ボールを失った瞬間、相手が攻撃の態勢を整えてパスの出し先を認知する前に仕掛けるプレス。「トランジションプレス」とも言う。

【ゲート】相手の守備者と守備者の間、または相手の守備者とタッチラインの間のこと。ゲートへパスやドリブルを仕掛けることで、2人の相手を抜くプレーが可能になる（P.37）。

【ゲームプラン】ゲームを円滑に進める上で、スコアや時間に応じて戦い方を変更すること。状況によって以下の4つに分けられる。
①勝っている側がボールを持っている状態⇨ ポゼッション。
②負けている側がボールを持っている状態⇨ パワープレー。
③勝っている側がボールを持っていない状態⇨ パークザバス。
④負けている側がボールを持っていない状態⇨ オールコートマンツーマンによるハイプレス。

【高高度クロス】高さに絶対的な強みを持つ受け手に出す、高さのあるクロス。滞空時間が長いため十分な事前準備ができ、確実な位置取りが可能になる（P.65）。対策⇨ GKの飛び出し。セカンドボールへの準備。

【後退守備】抜かれた守備者が、対象の選手を追いかけながら行う守備。前進や前方への展開を許す状況で守備側は、ファウルで止めるか別の選手がカバーして守ることになる。守備側にとって極めて不利な状態。

【コロコロタイム】マリーシアの一種。転んでなかなか起きずに時間を使うこと。

試合終盤で使われる。

【コンパクトディフェンス】 ゾーンディフェンスにおいて、横幅をピッチ幅の半分程度に縮め、ライン間も狭めた守備隊列。隊列内で相手のパス交換を抑制できるが、裏や逆サイドにスペースができるデメリットがある。 対策 ⇒ サイドチェンジ。裏への飛び出し。対角フィード。

サ行

【再侵入】 バイタルエリアなど特定のエリアにいた選手が、別のエリアに移動してから再度特定のエリアに侵入する動き。一度エリアから外れることで、特定のエリアを拡大し、前を向きながら再侵入することで視野の有利性を持ちつつ加速してプレーできる。

【サイドゲート】 相手のサイドプレーヤー（SBやSH）とタッチラインの間を結んだゲート。インサイドゲートとセンターゲートと密接に関わっており、サイドゲートを狙うことでインサイドゲートとセンターゲートを広げることができる（P.37）。

【サイド前進型プレス】 サイドの選手が前進し、プレスをかけるプレス戦術の型。例として、WGが背後の相手SBに対するカバーシャドウをしながら相手CBに寄せるプレスが挙げられる（P.221）。

【サイドチェンジ】 ロングパス1本またはショートパスを繋いでボールサイドを変えるプレー。サイドチェンジを行うことで相手を押し下げて前進することができる。また、相手のコンパクトなブロックやサイドの限定に対して効果がある。

【サイドの限定】 相手が攻撃するサイドの展開先を1つに絞らせる守備方法。絞らせることで守備の準備ができるため、ボールを奪いやすくなる（P.45）。 対策 ⇒ サイドチェンジ。

【サイドビルド】 ピッチのサイドで数的有利や位置的有利を使ってボールを繋ぐビルドアップ。サイドゲートを突くことによって中央にスペースを作り出す（P.224）。

【三角形の反転】 3人の選手が三角形を作り、三角形の頂点にいる選手が他の2人の選手の間を通ってポジションを移動するプレー（P.120）。 対策 ⇒ マンマーク。体を当てる。

Appendix

【質的有利】相手より上手さ、高さ、速さ、強さで勝っている状態。質的有利を強調するために、相手の中で質的に劣っている選手に対峙させるようにポジションを配置することがある（P.62）。

【順足】利き足のサイドに配置された選手で、用語として「順足WG」などのように使われる。
順足WGはボールを相手から離れた側に置いて、ピッチ幅を最大限活用して縦に進むことができ、クロスも上げやすい。ただし、縦突破すると後ろからサポートしようとしても順足WGを抜いてオーバーラップできないので、順足WGは独力で勝負することになる。味方のサポートがない代わりに、相手も対応しづらくなる。
一方、味方と連携するためには内側に入ってスペースメークするが、相手も対応しやすくなる。SBが順足の場合、オーバーラップしてから幅を取って、トップスピードでクロスを上げることができる。
順足SBが偽SBとして中に入った場合、逆サイドへ展開するためにはターンしなければならなくなる。また、サイドCBはサイドへの展開力を重視し、順足の選手を配置することが好ましい。

【ショートカウンター】相手陣内でプレスをかけ、ボールを奪ったら速攻を仕掛けるプレー。横パスを前進守備で奪うことで有利な状況を作ることが可能になる。成功率はプレス戦術に起因する。敵のパスをカットし、そのままダイレクトスルーパスへ持ち込む攻撃は、ポジティブトランジションが最も有効的に機能する切り替え攻撃。

【スイッチ】ポジションチェンジの一種。人と人が交差して入れ替わる動き。ボールの受け渡しを伴うことが多い。相手はスイッチされると、マークの受け渡しミスや、お互いがぶつかって進路を塞いでしまうことが発生しやすい。

【数的過多】3対1など数的有利を作りながらも、他の場所で数的不利になり、相手にフリーの選手を作ってしまうこと（P.259）。

【数的有利】局面で相手より数が多い状態。一方で数的不利になっているエリアもあるので、数的有利のエリアを強みとして戦術の起点にしなければならない（P.48）。

【図形に対するポジショニング】ライン間に加え、縦のゲートに合わせるポジショニング。相手の四角形の中で構えることで縦横4つのパスコースを保持することが可能になる。**対策** ⇨ 図形の中心を守る選手を配置する。

【図形に対するポジショニング】

【スペース】選手がいない位置。攻撃側にとって必要なもので、守備側にとっては消したいもの（P.28）。

【スペースの最大化】ピッチ幅と深さを最大限利用して攻撃をすること。オープンスペースは少なくなるが、各選手に与えられたスペースは広がる（P.30）。

【スペースの発生と活用】選手が移動して発生したスペースに、別の選手が入って活用すること。スペースの発生と活用を最大効率化させる戦術が、渦の動き（P.98）。

【スルーパス】DFラインを越えるパス。DFラインが高ければどのゲートを通してもいいが、押し込んだことでDFラインが低い場合は、スルーパスと同じゲートから裏抜けしないと追いつかない。**対策** ⇨ ラインバック。GKの飛び出し。

【前進守備】前に出ることによってラインを下げずにボールを奪いにいくプレー。ボール保持者のタッチに合わせて前進し、ドリブルに対応できる。守備側が主導権を得た状態。ただし、相手にかわされるとピンチになるので、高い技術力が求められる。迎撃DFとも言う。**対策** ⇨ ドリブル。ワンツーパス。

【責任の分散】ボールへの距離が近い複数の選手がいる場合、譲り合ってお見合いしてしまうこと（P.115）。

【センターゲート】相手が4バックの場合はCB間を結んだゲート。5バックの場合はライトCBとセンターCB、レフトCBとセンターCBを結んだゲートが、センターゲートとして2つ存在する（P.37、211）。

【センタービルド】ピッチ中央の数的有利

を活かしてボールを進めることを目的としたビルドアップ（P.224）。

【ゾーン】ピッチを横に3分割して自陣ゴール寄りを「ゾーン1」、中盤を「ゾーン2」、相手陣ゴール寄りを「ゾーン3」と呼ぶ。ボールの位置によって変動することがない、ピッチ上の位置関係を示す普遍的なゾーン。

自陣　　攻撃する方向→　　相手陣

ゾーン1　　ゾーン2　　ゾーン3

【ゾーンマーク】場所に対する守備。隊列によって守備陣形のバランスを保つ。「ゾーンディフェンス」とも言う（P.112）。対策 ⇒ 間受け。図形に対するポジショニング。

タ行

【ダイアゴナルラン】裏抜けの際に斜めに走るプレー。相手ゴールに直線的に移動することで、ゴールへの最短距離を進める。対策 ⇒ マンマーク。ラインバック。

【対角フィード】サイドから逆サイドへ前向きに蹴るサイドチェンジのロングボール。サイドチェンジとロングフィードを同時に行う。DFラインからWGなどに速くて正確なボールを送ることで、サイドの限定を攻略可能。対策 ⇒ ワイドディフェンス。

【ダイレクト】ボールをトラップせずにワンタッチでさばくプレー。相手の状況認知時間にズレを生じさせ、守備の遅れを生み出す。ボールの反発力を最大限利用することができ、静止したボールに比べ強いボールや強いスピンが実現可能。

【縦突破】縦方向のドリブルで相手DFラインを抜け、ゴールに近付くプレー。

【縦のゲート】DFラインとMFラインなど、ラインを縦に結んだ時のゲート。

【ダブルチーム】1人の相手に2人で守備に当たること。一般的には「ダブル」と略されることが多い。

【チームスペース】チーム全体が使うスペー

ス。パスはチームスペースの範囲内を通る。攻撃時には広く、守備時には狭くする（P.30）。

【中盤前進型プレス】中盤が前進してプレスをかける守備方法。ボールを保持している相手CBに、FWが背後のP（ピボーテ）に対するカバーシャドウをしながらプレスし、同時にボール非保持の相手CBを中盤からIHなどが上がってマークするプレー。主に4-1-4-1がプレス時に4-4-2に変形する際に行う（P.221）。

【中盤の飛び出し】相手DFラインに対峙しているFW以外の選手が後方から抜け出してくるプレー。DFラインとMFラインが狭いと飛び出しを行いやすい。「2列目の飛び出し」「トップ下の飛び出し」とも言われる。対策⇨ラインバック（P.128）。

【釣る】マークオンの状況下で、相手を引き付けスペースを作り出すプレー。

【ティキタカ】連続したワンタッチのパス交換。守備を固める相手をおびき出す時に有効となるワンタッチパス。バイタルエリアを固める相手への拡張ツールとして使われることが多い。パスを交換する時、相手は特定の選手をマークするため、フリーの選手を明確化する効果もある。フリーになった選手はドリブルでボールを前に運べるようになり、フリーの選手をマークするために相手が出てくれば、スペースができるのでワンツーパスが決まりやすくなる。

【ディレイディフェンス】ブロックを形成するための時間を稼ぐ守備。

【デスマルケ】相手のマークを外すプレー。例えば、ボールを受ける前に裏抜けの動きを見せながら足元で受けるなどして、相手を揺さぶる。

【トップ】最前列で相手のDFラインを下げさせる役割。ポジションとしてはFW。FWが1枚の場合は1トップ、2枚の場合は2トップと呼び、1枚のFWと2枚のWGを合わせて3トップと呼ぶこともある。役割としてはポストプレー、バイタルエリアを拡大するための裏抜け、サイド流れ、引く動きによって中盤化して味方の飛び出しを促す、などがある。

【トップのサイド流れ】トップの選手が相

手DFをマークさせたままサイドに移動するプレー。サイドに数的有利を作り、相手CBを動かすことによってスペースメークを行う。ファーに流れた場合は相手の死角に入り、トップ自らがシュートを打つ場合もボールに厚く当てることができる。**対策**⇨ マークの受け渡し。

【トライアングルパス】3人の選手が三角形を作って交換するパス。ラインディフェンスを突破する際に有効。

【トランジション】攻守が入れ替わること。本書では攻撃の中でもビルドアップからフィニッシュ、守備の中でもプレスからブロックに移行するタイミングもトランジションと呼んでいる。

【トランジションプレス（ゲーゲンプレス）】ボールを失った瞬間、相手が攻撃の態勢を整えてパスの出し先を認知する前に仕掛けるプレス。「ゲーゲンプレス」とも言う。

【トランジションロンド】ショートパスをダイレクトで回して、相手に状況認知のタイムラグを発生させ、チームスペースを拡大させる時間を作るプレー（P.173）。

【ドリブル突破】ボールと人が同時にゲートを突破する手段。

【ディフェンストランジション】守備時、プレスからブロックの局面に切り替わるタイミング。またはブロックからプレスに切り替わるタイミングのこと（P.162）。

ナ行

【殴り合い】両チームが速い攻撃とトランジションを繰り返した結果、陣形が間延びした状態でお互いが攻め続ける状況。リードしているチームにとっては避けたい。

【偽9番（ファルソヌエベ）】かつてトップが9番の背番号を付けることが多かったが、9番の振りをして1.5列目に下りるプレー。マークしていた相手CBは出ていかざるを得ず、ギャップが生まれる。「ファルソヌエベ（偽9番のスペイン語）」とも言われる。

【偽CB】相手が2トップだった場合、CBの1人が上がり、両SBが下がって3バックを作るプレー。偽CBはボランチの役割を果たしつつ、チャンスがあれば攻

め上がることもある。4CBを採用しているチームが偽CBを使うと効果的。相手が1トップで守備側が3バックだった場合は、センターCBが偽CBとして上がり、2枚のCBで対応する。

【偽SB】強力なWGがいる場合、SBがオーバーラップやインナーラップをかけずにセンターに近い位置を取って中盤の枚数を確保するプレー。偽SBはゲームメーカーの役割を果たす。

【ニュートラル重心】重心が動いていない状態。守備側にとってはニュートラル重心を保っていたい。
例えばGKからCBにパスが出て、そのCBにプレスをかける場合、ボールが動いている間はCBに近付き、CBがボールを受けたら止まるようにする。止まる時にジャンプして着地すればニュートラル重心で静止できる（ジャンプストップ）。そしてCBがボールタッチした瞬間に再び近付く。守備者がプレスする場合は、「だるまさんが転んだ」のように、相手の足からボールが離れている時は近付き、相手の足にボールが付いている時は静止する。
攻撃側が考えるべきことは、アーチラインのドリブルや、ドリブルとパスという複数の選択肢を持って守備者をニュートラルから重心を動かし、逆重心を攻めること。また、シュートの跳ね返りを押し込みにいく際も、跳ね返った瞬間にジャンプストップしてニュートラル重心を保てばこぼれ球に対応できる。

【ネガティブトランジション】攻撃側がボールを失った切り替えのタイミング（P.158）。

【ノッキング】走り出しと静止が連続で発生し、移動の目的地を設定できない状態。

ハ行

【パークザバス】ゴール前に密集したブロックを作って守る戦術。人の壁を「停

【パークザバス】

まったバス」に例えてできた言葉。ラインを上げず、サイドチェンジに対してもスライドせずにゴール前を固め続ける。**対策** ⇨ ラインを上げさせ裏に抜けてからのマイナスのクロス。ドリブルやワンツーパスなどでスペースメークし、ブロックの外からミドルシュートを打ってカオスを利用する。ブロックを囲い込むように選手を配置し、万が一、トランジションが発生したらカウンタープレスで即時奪回を試みる。

【バイタルエリア】相手DFラインとMFラインの間の局所的なスペース。

【バイタル拡張】相手がブロックで固めている場合、FWライン外側のスペースで意図的にティキタカを行って、相手のMFラインの選手をおびき出す戦術。相手が出てくればバイタルにスペースができるので、ワンツーパスやドリブルによるバイタルへの侵入が可能になる。**対策** ⇨ パークザバス。

【バイタルクロス】DFラインとMFラインの間のバイタルエリアに向けたクロス。バイタルエリアを横から通すバイタルクロスと、裏からマイナスに通すバイタルクロスがある。マイナスのバイタルクロスは、シュートと見せかけて相手CBを動かしてから入れると効果的。**対策** ⇨ MFラインのラインバックによるコンパクト化。P（ピボーテ）によるゾーンマーク。

【ハイプレス】高い位置（相手のゾーン1）でのビルドアップに対するプレス。

【ハイライン】可能な限り高い位置にラインを設定するラインコントロール。

【運ぶドリブル】個によるドリブル突破ではなく、数的有利を利用して戦術的に前進するドリブル。

【八の字のドリブルコース】ドリブルコースとパスコースを相手が同時に消しにくる「二択切り」をされないように、2つのコースの角度をできるだけ広げるプレー。両CBが漢字の「八」の字のような角度で広がるようにドリブルコースを取る（P.53）。

【パワープレー】中盤を省略し、ロングパスの出し手と受け手に二分化される状態。殴り合いの構図になることが多い。**対策** ⇨ 中盤でのボールキープ。

戦術インデックス

【ピボーテ】 バイタルエリアの管理人。DFラインのカバーリングとMFラインのカバーリングを行う高い守備力と戦術理解力が要求される。

【ビルドアップ】 ボールを繋いでフィニッシュに結び付けるプレー。ボールを繋ぐサッカーの目的は、少しでも前にいるフリーの味方にボールを届けること。そうすればラストパスの精度が高まる。ボールを繋ぐことで相手のプレスにより奪われるリスクはあるが、試合全体の主導権を握ることができ、奪われた後のトランジションの成功率が高まる。

【ビルドゾーン】 相手FWより自陣ゴール寄りのゾーン。

【ピン留め】 ポジショニングまたは視線によって、相手選手をその位置から動けない状態にするプレー。

【ファー裏】 守備者全員の死角に当たる逆サイドの裏の位置。ファー裏にクロスを入れると、視野的な有利性とボールの滞空時間による移動距離を稼ぐことができる。メッシのようにマイナス方向にドリブルすることでDFラインをラインアップさせて、ファー裏にクロスを入れることで裏に逆重心を発生させることができる。

【フィニッシュ】 攻撃時にゴールを奪うことを目的とした戦術局面（P.148）。

【フェイント】 狙いのプレーの成功率を最大化させるため、虚の選択肢へ相手を誘導する技術。優れたフェイントは虚の選択肢が狙いのプレーの対局の動きでなければならない。例えばファーへのシュートモーションを相手に見せてニアへのシュートを狙ったり、2対1で相手に横パスを警戒させて縦に運ぶなど。

【フラッシュスペース】 選手の移動や逆重心によって瞬間的に生まれるスペース（P.35）。

【プルアウェイ】 釣る動きで相手をおびき出し、裏抜けするプレー。自ら作ったスペースに飛び出す、デスマルケの一種。直線ではなく渦の動きによって相手から離れることで逆重心にならず、加速したまま移動できる。

【プレス】 守備時にボールを奪うことを目的とした戦術局面（P.148）。

Appendix

【プレスアップ】1列前のラインに対し、前進守備によってプレスを行うプレー。中盤の選手が相手DFラインの相手にプレスアップすることで、FWを増加させることが可能となる。

【プレスセット】プレスを始める前にマークする相手を決めておき、プレスにいく準備をすること。プレスの第一段階。オープンマークなのかクローズドマークなのか、カバーシャドウからプレスアップを行うのかなど、プレスセットを行ってからプレスしないと上手くいかない。

【プレスの寄せ】相手の足にボールが付いている時はニュートラル重心でステイし、ボールタッチによって相手の足からボールが離れた時に寄せる動き。 対策 ⇒ いったんボールを足から離すようなキックフェイク。

【プレスバック】ボールより前方の守備者がリトリートしながらゾーンを狭めボールを奪う行うプレス。

【ブロック】守備時にゴールを守ることを目的とした戦術局面。およびゴール前を固めた配列（P.148）。

【併走守備】併走して守っている守備の状態。ワンサイドカットによって守備者側のサイドは対応が可能。

【並列の2対1】数的有利を効率化する上で重要な概念、位置取り。並列の角度を微調整することで2対1を作れていれば、いかなる相手の守備も突破することが可能となる（P.51）。

【ポジションに対する引力】FWが一時的に守備に戻ることがあっても、FW本来の「ゴールを奪う」という目的から外れるので必ず前線に戻るように、選手が初期ポジションに戻る動きや意識のこと（P.198）。

【ポジションチェンジ】相手のマークやゾーンを崩すために、初期ポジションから人が入れ替わる動きのこと。ポジションチェンジを最効率化させる動きが渦の動き。 対策 ⇒ 効果的なマンマーク。コンパクトなゾーン守備。

【ポジティブトランジション】相手からボールを奪った瞬間の切り替えのタイミング（P.156）。

【ポストプレー】後方からのクサビのパスを受け、落としのパスを出したりボールをキープしたりするプレー。主にFWが行う。

【ポゼッション】ボールと時間を支配し、相手をおびき出して、成功率の高いフィニッシュを狙うプレー。相手を押し込めることで、ネガティブトランジションの成功率を高めることもできる。高い戦術理解と技術がチーム全体に求められる。引いてブロックを固める相手には有効だが、試合を通してポゼッションが目的になってはいけない。相手がマンマークでプレスを続けるならば、裏にボールを蹴ることが戦術的サッカーとなる。 対策⇒プレス。

【ボトムエリア】相手MFラインとFWラインの間のエリア。

【ボランチ】2人で構成するDM。ダブルボランチのうち1人が状況を見て攻撃参加を行う。

マ行

【マークオフ】相手のマークが付いておらず、フリーになっている状態（P.103）。

【マークオン】相手のマークが付いている状態（P.103）。

【マークの受け渡し】マークの担当を他の選手と替えること。

【間受け】ゾーン守備の間にポジションを取ること（P.115）。

【マリーシア】ずる賢いプレー。相手のプレスを弱めたり、時間を使ったりする目的で使う。

【マンマーク】人に対して行う守備。「マンツーマンディフェンス」とも言う（P.124）。

【味方を誘導するパス】パスの出し手と受け手が共通認識を持って、受け手の足元ではなく加速した状態でボールを受けられる位置に出すパス（P.210）。

【ミドルシュート】DFラインの手前から打つシュート。主にペナルティーエリアの外でゴールからやや距離がある位置からのシュート。

【ミドルプレス】ピッチ中央（ゾーン2）でのビルドアップに対するプレス。

ヤ行

【ユーティリティプレーヤー】複数ポジションをこなせる選手（P.184）。

【誘導型プレス】相手の特定のポジションにボールを持たせるように誘導し、そこで奪い取ることを目的としたプレス（P.143、169）。 対策 ⇨ 逆重心のスペース利用。

ラ行

【ラインアップ】DFラインを上げる動き。タイミングとしては相手がバックパスをした時がラインアップのチャンスだが、そのタイミングはボールが動いている間に限られる。相手がパスを受け取った瞬間はDFラインは止まり、ニュートラル重心で静止する必要がある。

【ラインコントロール】主にDFラインを上げ下げして相手のプレーエリアを限定するプレー。

【ラインバック】DFラインを後退させて相手が使える裏のスペースを消す動き。相手のボール保持者にプレッシャーがかかっていなければラインバックしなければならない。

【ライン間ポジショニング】ゾーンディフェンスの列に対する効果的な立ち位置。相手の列と列の間でボールを受けることができる。

【リトリート】帰陣してブロックを形成する動き。

【リバプール式プレス】ボールを保持している相手CBに、WGが背後のSBに対するカバーシャドウをしながらプレスするプレー。リバプールFCが頻繁に使う。「サイド前進型プレス」とも言う（P.95、222、254）。

【リビルド】フィニッシュの局面からボールを下げてビルドアップをやり直すこと。

【ルックアップ】顔を上げて、視野を取ること。

【レーン】ピッチを縦に分割したエリアの

こと（P.117、219）。

【ロングカウンター】自陣のブロックから速攻を仕掛けるプレー。ブロック時におけるアタッカーの配置が成功率を大きく左右する。スピードと運動量に秀でた(ひい)アタッカーと中盤の選手が求められる。2トップでロングカウンターを行う場合、アーチラインを描きながら途中で交差するようなコースで走るようにする。こうすることで追従する相手に長い距離を走らせ、クロスランすることによってマークの受け渡しを発生させて、相手を逆重心にさせることができる。

【ロングカウンター】

【ロングスロー】30〜40mという長距離のスローイン。オフサイドがないことを利用してフィニッシュや前進を行える。

【ロングフィード】中盤を省略し、最後尾から最前列へロングボールを送るプレー。裏のスペースが広い状況や高さで有利な状況で効果を発揮するが、発射台と受け手の選手の質が重要になる。

【ロンド】ワンタッチパスを連続で行うプレー。ロンドを行うことで相手がどのポジションをマークしているか判定できる。相手に的を絞らせないことでノッキングを誘発させながら、相手をおびき出すことができる。「ティキタカ」はロンドを繰り返してゴールを目指す戦術。

ワ行

【ワンサイドカット】2つある相手のドリブルコース（縦方向or横方向）の1つを消し、コースを限定するプレー。

【ワンタッチパス】ボールをトラップせずにさばくプレー。相手の状況認知時間にズレを生じさせ、守備の遅れを生み出す。「ダイレクトパス」とも言われる。

【ワンツー】パスの出し手が味方を1人経由し、ボールを受ける連携プレー。相手の視野と認知時間に影響を与える。「壁パス」とも言われる。 対策⇒ 最初のパスの出し手へのマンマーク。

Appendix

補足：セットプレー（特にコーナーキックの場合）

　セットプレーにおける守備もマンマーク、ゾーンマーク、その2つのミックスの3種の形があります。守備側から見れば、攻撃側に高さやフィジカルに利があるならば、危険なエリアをゾーンマークで守ることが効果的です。また、GKがボールをキャッチすることが守備側の理想的な展開ですので、攻撃側がGKの動きを制限するのであれば侵入を防ぎ、GKが動けるスペースを確保することも念頭に置く必要があります。【図1】。一方、攻撃側から見れば、守備側がゾーンマークで固めてきた時の対策は、ショートコーナーでタイミングを外したり、ブロックの外のオープンスペースからミドルシュートを打ったりすることが挙げられます。また、守備者の死角となるファーサイドに蹴って、そこから折り返すのも有効です【図2】。

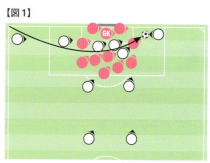

　マンマークで守る場合は、守備側の高さやハイボールに対する強さが攻撃側より有利であることが求められます。攻撃側の高さや強さに合わせて守備側の選手に序

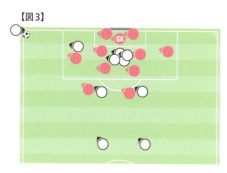

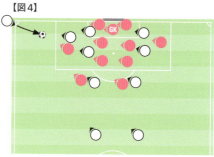

列を付け、その順番にマークを割り当てていきます。個々の守備者の質的有利があれば、1対1で空中戦に勝つ確率は高くなりますが、マンマークの欠点はスペースを作られてしまうことです。例えば、攻撃側がペナルティースポット付近に集中し【図3】、キックと同時にニアとファーに分かれて走られてしまうとマークに付き切れなくなります【図4】。

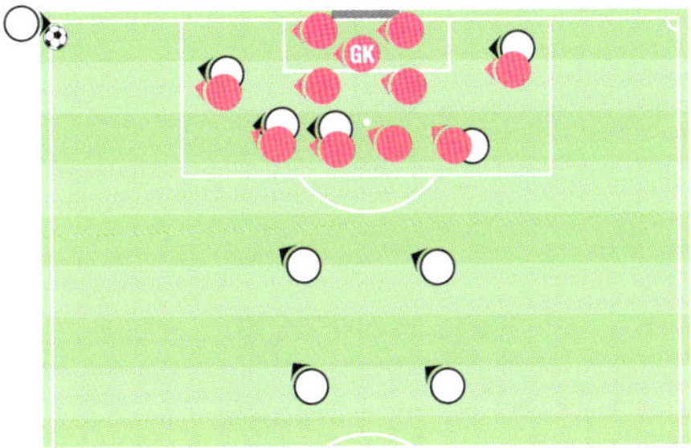

実際の試合ではマンマークとゾーンマークをミックスした形で守ることが多くなります。守備側としてはカウンターよりもまずは失点を防ごうとします。攻撃側もラストプレーでない限り全員が上がることはありません【図5】。なので、ゾーンマークでスペースを消しつつ、攻撃側で質的有利がある選手にはマンマークという形で守るのです。マンマークとゾーンマークのミックスで守られた場合、攻撃側の対策としては全員が動くことによってゾーンマークをずらし、スペースを作ることです。そして、ゾーンマークの傾向が強ければ、セカンドボールの回収率も高まり、二次攻撃に繋げることができます。

【図5】

コーナーキックにおける順足と逆足についても説明しておきます。順足で蹴るボールは攻撃側に向かって曲がってくるので、GKからは遠ざかる上、ダイレクトで強いシュートを打ちやすくなります。逆足で蹴るボールは直接ゴールに入る可能性もあるので、GKは出ていきづらくなりますが、守備範囲にきたボールであればキャッチやパンチングはしやすくなります。

コーナーキックでの得点パターンとしてはダイレクトに合わせたヘディングシュート、ニアに合わせて擦らせてからのシュート、ファーに合わせて折り返してからのシュートのほか、ショートコーナーでラインを上げさせ、裏への飛び出しへのスルーパスからのシュートなどがあります。

ショートコーナーはコーナーキックに備えて構えていた守備側の集中力を外すという効果もありますが、キックの瞬間には存在しなかった裏のスペースができることが大きな意味を持ちます。

謝辞

　本書の執筆にあたり、多くの方にご協力いただきました。お礼申し上げます。特にクラウドファンディング「日本サッカーに戦術革命を!史上最高のサッカーを共に実現しよう!」にご賛同いただいた方々に関しましては、感謝の念に堪えません。ここにお名前を掲げさせていただきます。本当にありがとうございました。

青木 良平 様

綾城 様

石黒 健太 様

大槻 郁人 様

岡田 龍 様

片桐 文章 様

川崎 基夫 様

KENI 様

ケンケンパ 様

斎藤 永誉 様

佐藤 雅之 様

CCHOME 様

繁野 早耶香 様

菅原 裕次郎 様

ZAN-B-CHOPPER 様

高橋 アーノルド 良爾 様

高橋 一敬 様